CARL FRIEDRICH VON WEIZSÄCKER

Der ungesicherte
Friede

2. Auflage

*ich hoffe, dass dir durch
die Schenkung dieses Buches
Deine tägliche Langeweile
auf ein Mindestmaß
gebändigt wird.
Viel Spaß beim Lesen.*

D1698582

VANDENHOECK & RUPRECHT IN GÖTTINGEN

Carl Friedrich Freiherr von Weizsäcker

Geboren 28. 6. 1912 in Kiel, theoretischer Physiker, Schüler von Werner Heisenberg und Niels Bohr; Dr. phil. 1933, Habilitation 1936. Ab 1936 am Kaiser-Wilhelm-Institut für Physik in Berlin-Dahlem und Dozent an der Berliner Universität, 1942 Professor der theoretischen Physik an der Universität Straßburg, 1946 Abteilungsleiter am Max-Planck-Institut für Physik in Göttingen und Honorarprofessor an der Universität Göttingen, 1957 o. Professor der Philosophie an der Universität Hamburg, seit 1970 Direktor des Max-Planck-Instituts zur Erforschung der Lebensbedingungen der wissenschaftlich-technischen Welt, Starnberg. *Veröffentlichungen u. a.:* Die Atomkerne (1937); Zum Weltbild der Physik (11. Aufl. 1970); Die Geschichte der Natur (7. Aufl. 1970); Die Verantwortung der Wissenschaft im Atomzeitalter (6. Aufl. 1978); Die Tragweite der Wissenschaft I: Schöpfung und Weltentstehung (5. Aufl. 1976); Bedingungen des Friedens (6. Aufl. 1974); Die Einheit der Natur (4. Aufl. 1972); Wege in der Gefahr (1976); Der Garten des Menschlichen (1977).

CIP-Kurztitelaufnahme der Deutschen Bibliothek

Weizsäcker, Carl Friedrich von:
[Sammlung]
Der ungesicherte Friede / Carl Friedrich von Weizsäcker. — 2. Aufl. — Göttingen : Vandenhoeck und Ruprecht, 1979.
(Kleine Vandenhoeck-Reihe ; 1300)

ISBN 3-525-33281-5

Kleine Vandenhoeck-Reihe 1300

2. Auflage 1979

Umschlag: Hans Dieter Ullrich. — © Vandenhoeck & Ruprecht, Göttingen, 1969. — Printed in Germany. — Ohne ausdrückliche Genehmigung des Verlages ist es nicht gestattet, das Werk oder Teile daraus auf foto- oder akustomechanischem Wege zu vervielfältigen.
Gesamtherstellung: Verlagsdruckerei E. Rieder, Schrobenhausen

INHALT

VORWORT

Es sei mir erlaubt, dieses Bändchen mit einem persönlichen Rückblick einzuleiten, der zugleich das Ziel der hier vorgelegten Überlegungen erläutert.

Als Atomphysiker habe ich mich, trotz starken politischen
Interesses, nicht in die große Politik gemischt, ehe meine eigene
fachliche Kompetenz mich dazu nötigte. Vor nunmehr zwölf
Jahren warnte eine Gruppe deutscher Atomphysiker, zu der ich
gehörte, die Öffentlichkeit der Bundesrepublik vor der nach
unserer Überzeugung irrigen Hoffnung, durch nationale Atomrüstung unsere Sicherheit erhöhen zu können. Hier handelte es
sich um eine konkrete politische Entscheidung, zu der wir als
sachlich informierte Staatsbürger das Wort nahmen. Für mich
persönlich war dies der Ausgangspunkt aller weiteren politischen
Arbeiten; ich habe mich zur Politik nie aus theoretischem,
sondern immer nur aus praktischem Interesse geäußert.

Die Diskussion über die nationale Atomrüstung führte mit Notwendigkeit zu der Frage, wo denn sonst unsere Sicherheit zu
suchen sei, wenn nicht im Eigenbesitz atomarer Sprengkörper;
sie führte also in die Fragen der internationalen Rüstungspolitik
und der Sicherung des Weltfriedens. Schon früher hatte ich mich
damit ausführlich beschäftigt, u. a. als Mitglied einer Kommission
des Weltrats der Kirchen über „Kriegsverhütung im technischen
Zeitalter", die von Sir Thomas Taylor, damals Prinzipal der
Universität Aberdeen, geleitet wurde. Ich möchte die Geschichte
meiner Berufung in diese Kommission hier erzählen. Als Sir
Thomas 1954 den Auftrag zu ihrer Gründung übernommen
hatte, bat er mich brieflich um meine Teilnahme. Ich antwortete,
von den aktuellen politischen Fragen verstünden aktive Politiker
mehr als ein Kreis wie der geplante, und die eigentliche Aufgabe,
die Schaffung eines dauerhaften Weltfriedens, übersteige wohl

5

menschliche Kraft, sie sei, wie christliche Theologen zu sagen pflegen, ein eschatologisches Problem; so fürchte ich, wir würden in wohlmeinendem Gerede steckenbleiben. Er antwortete, „someone has got to do something about it", und gerade da ich diese Schwierigkeiten so empfinde, müsse ich mitwirken. Ich gab nach und verdanke dieser und vielen späteren Diskussionen, trotz ihrer vordergründigen Fruchtlosigkeit, etwas Entscheidendes. Ich lernte einsehen, daß, was immer das jenseitige Ziel der Menschheitsgeschichte sein mag, die Errichtung eines politisch gesicherten Weltfriedens die diesseitige Aufgabe der vor uns stehenden Zeit ist. Ich lernte das in dem Maße einsehen, in dem ich die hoffnungslose politische Kurzschlüssigkeit aller Projekte erkannte, die uns mit einer geringeren politischen Verwandlung der Welt vor der Gefahr des technischen Selbstmordes zu schützen hoffen. Diese lernt man wohl nur ganz erkennen, wenn man sich auf die konkreten Einzelheiten im technischen, strategischen und politischen Feld in harter Spezialarbeit einläßt. Das Ergebnis dieser Überlegungen habe ich, unter Übergehung der Einzelheiten, in meinem Vortrag „Bedingungen des Friedens" 1963 zusammengefaßt. Unter dem Titel „Gedanken über unsere Zukunft" habe ich später noch einige weiterführende Überlegungen veröffentlicht.

Der Gedanke der politischen Notwendigkeit eines garantierten Weltfriedens verlangt nun aber auch eine außerordentliche theoretische Anstrengung. Wenn wir den Frieden machen sollen, müssen wir ihn denken können. So bin ich — wenn ich noch immer so persönlich weitersprechen darf — durch den Drang der praktischen Notwendigkeiten zu einem Versuch in politischer Theorie gestoßen worden. Dieser Versuch beansprucht nicht, zeitlose Strukturen des Politischen darzustellen. Er bleibt bewußt zeitbedingt. Er geht von der Überzeugung aus, daß in den jetzigen Jahrzehnten nur die Sicherung des Weltfriedens der politische Leitgedanke sein kann, von dem her eine Einigung der widerstreitenden Interessen und Ideologien versucht werden könnte. Die verfügbare Zeit ist zu knapp und die Kraft eines einzelnen ist zu begrenzt, als daß ich das Unternehmen eines systematischen Buchs mit allen dafür erforderlichen Vorstudien hätte angreifen können. Einen Teil der zu einer wirklichen Theorie nötigen Arbeit hoffe ich in institutionalisierter Form mit fachlich besser vorbereiteten Mitarbeitern demnächst aufnehmen zu können. In den jüngstvergangenen Jahren habe ich nur die gelegentlich an mich ergangenen Aufforderungen zu Vorträgen über vorgegebene Themen dazu ausgenützt, einige Aspekte des Problems zu skizzieren. Fünf von diesen Vorträgen lege ich in dieser Sammlung vor.

In jedem dieser Vorträge habe ich versucht, direkt zu dem Menschenkreis zu sprechen, der mich eingeladen hatte, also seine Sichtweise vorauszusetzen und seine Sorgen zu den meinen zu machen. Wenn der Weltfriede wirklich das uns gemeinsame Problem ist, so wird er als solches aus jeder dieser Sorgen hervortreten und in jeder dieser Sichtweisen umrissen werden können. Einen systematischen Entwurf gibt der erste Vortrag; er läßt sich auch auf philosophische und theologische Fragen ein. Die beiden folgenden Vorträge beschäftigen sich mit dem Problem der Realität des Friedens; einer, vor Seelsorgern und Ärzten gehalten, sucht die seelischen Voraussetzungen des Friedens zu verstehen, und der andere, dessen Zuhörer Wirtschaftsführer waren, wendet sich den Möglichkeiten seiner konkreten Ausgestaltung in den kommenden Jahrzehnten zu. Die beiden letzten Vorträge gehen umgekehrt von der Realität des Kriegs und der Kriegsrüstung aus. Der erste der beiden nimmt die Frage nach den seelischen Voraussetzungen des Friedens wieder auf, hat aber als unmittelbares Thema den Dienst des Roten Kreuzes zur Linderung und vielleicht zur Verhütung von Kriegen. Der andere, mit dem ich den Band beende, ist vor einem internationalen Gremium militärischer und politischer Sachverständiger gehalten, denen sich die Ungelöstheit der Friedensaufgaben als ethisches Problem der Strategie stellt.

Hamburg, 9. 1. 1969   C. F. v. Weizsäcker

QUELLEN

Friede und Wahrheit: in: Frieden. Vorlesungen auf dem 13. Deutschen Evangelischen Kirchentag Hannover 1967. Kreuz-Verlag Stuttgart-Berlin, S. 63—79.

Friedlosigkeit als Seelische Krankheit: Vortrag, gehalten am 2. Oktober 1967 in Bethel anläßlich des 100jährigen Bestehens der Bodelschwinghschen Anstalten. Bethel-Schriftenreihe, Bethel-Jahrbuch 1968 und Pastoraltheologie Wissenschaft und Praxis, 57. Jg., Heft 1 1968, S. 12 ff.

Über die Kunst der Prognose: Privatdruck Stifterverband für die deutsche Wissenschaft 1968.

Humanität und Neutralität: Festvortrag in der Frankfurter Paulskirche anläßlich des Festaktes des Deutschen Roten Kreuzes am 23.6.1968. In: Deutsches Rotes Kreuz. Heft 7 Juli 1968.

Das ethische Problem der modernen Strategie: Institute for Strategic Studies, London. Wird auf Englisch veröffentlicht in einem Tagungsbericht des Institute for Strategic Studies. Deutsche Veröffentlichung: Europa-Archiv (erscheint demnächst).

FRIEDE UND WAHRHEIT*

Der Friede ist die Aufgabe unserer Zeit. Was hat der Friede mit der Wahrheit zu tun? Vielleicht daß wir ihn nicht verwirklichen können, solange wir ihn nicht denken gelernt haben. So jedenfalls möchte ich die Frage verstehen, die mir mit dem Vorschlag dieses Themas gestellt worden ist.

Der Vortrag wird deshalb in seinem Kern — äußerlich gesehen in seinem Mittelstück — theoretisch, also wohl philosophisch, sein. Er wird aber mit einer Analyse gewisser Grundprobleme beginnen, vor welche uns die Praxis stellt, und er wird zu eben diesen Problemen am Ende zurückkehren. Sein erster Teil kann den Titel „Bedingungen des Friedens" tragen, das Mittelstück den Titel „Wahrheit und Friede", der Schluß wird von der Verwirklichung des Friedens handeln. In diesen praktischen Teilen will ich einige der großen Aufgaben nennen, die in der Praxis vor uns stehen. Das Ziel *dieses* Vortrags aber ist nicht, Anweisungen zum Handeln zu geben, sondern den Zusammenhang von Theorie und Praxis selbst gedanklich deutlicher zu machen. Das Ziel des Vortrags ist in diesem Sinne theoretisch, und die vielfachen praktischen Aufgaben, die er nennt, sind Beispiele des größeren Zusammenhangs, auf den er hinzuweisen sucht.

I. Bedingungen des Friedens

Unter diesem Titel habe ich bei einem früheren Anlaß drei Thesen entwickelt. Bitte erlauben Sie mir heute, von diesen Thesen auszugehen, um dann über sie hinauszufragen. Die Thesen lauteten etwa so:

---

* Vortrag, gehalten auf dem Deutschen Evangelischen Kirchentag Hannover im Juni 1967. Der Friede war das Leitthema des Kirchentages.

1. Der Weltfriede ist Lebensbedingung des technischen Zeitalters.
2. Der Weltfriede ist nicht das goldene Zeitalter, sondern er ist die Verwandlung der Politik in Weltinnenpolitik.
3. Der Weltfriede verlangt von uns eine außerordentliche moralische Anstrengung; er verlangt die Entwicklung einer Ethik des Lebens in der technischen Welt.

Ich möchte die Thesen nun erweitern und verschärfen:

1. Der politisch gesicherte Weltfriede ist unsere Lebensbedingung, denn die technische Welt stabilisiert sich nicht von selbst.
2. Die Weltinnenpolitik hat schon begonnen, denn es gibt schon große praktische Gemeinschaftsaufgaben der ganzen Menschheit.
3. Die Ethik der technischen Welt ist nötig, denn der Friede kann nur Bestand haben, wenn er auf der Wahrheit ruht.

Ich erläutere zunächst diese drei Sätze in dieser Reihenfolge.

1. Die Instabilität der technischen Welt

Die technische Welt stabilisiert sich nicht von selbst. Ihre Stabilisierung ist vielmehr eine politische Aufgabe.

Diese These könnte und müßte man an vielen Beispielen durchführen. Das ist im heutigen Vortrag nicht möglich. Ich beschränke mich auf eine grundsätzliche Bemerkung und zwei Beispiele. Grundsätzlich: Was ohne Verstand geschieht, kann sich auch ohne Verstand stabilisieren. Das animalische Leben stabilisiert sich durch Hunger und Fortpflanzung, Fressen und Gefressenwerden. Schon das simpelste technische Gerät beruht darauf, daß sein Erfinder einen Kausalzusammenhang begriffen hat; es beruht auf einem Fetzen erkannter Wahrheit. Und hier zeigt sich die ungeheure Macht der Wahrheit. Schrittweise hat der einsichtige Mensch die blinden Naturgewalten und die instinktgebundenen Tiere überwunden, nicht als Zauberer, sondern als Wissender. Aber dieses Wissen ist begrenzt. Er sieht einen Fetzen Wahrheit. Er sieht eine Kausalkette, aber noch nicht das kausale Gefüge. Er plant die Wirkungen eines Geräts, eines Medikaments; die Nebenwirkungen überraschen ihn. Er verfolgt seine primitiven Ziele mit Verstand, aber er läßt die verständige Kritik seiner Ziele vermissen. Die Dynamik des rein technischen Fortschritts ist blind. Der technische Verstand, der einzelne Kausalketten sieht, fordert als Bedingung unseres Überlebens eine Vernunft, die das Ganze in den Blick nimmt.

Ich nenne hier ein erstes, allbekanntes Beispiel: Ich darf den Arbeiter in einer Fabrik, auch wenn die erzeugte Ware noch so nützlich ist, keiner Vergiftungsgefahr aussetzen; das verbietet vernünftigerweise die Gewerbeordnung. Man darf aber heute vielerorts noch immer die Flüsse und Seen vergiften; die Vernunft fordert, daß dem Einhalt getan wird.

Dort, wo die Technik das Leben der Völker zu bestimmen beginnt, heißt das Feld dieser Vernunft die Politik. Die technische Welt stabilisiert sich nicht von selbst. Ihre Stabilisierung ist eine politische Aufgabe. Auch hierfür ein Beispiel: der Rüstungswettlauf. Ich übergehe seine vergangenen Phasen, die wir alle vor Augen haben. Heute besteht eine vorübergehende Stabilität der Waffensysteme. Da jede der beiden Weltmächte die andere auch im zweiten Schlag noch fast tödlich treffen kann, ist für beide der Anreiz zum ersten Schlag gering. Auf beiden Seiten arbeiten die Techniker seit Jahren an dem, was man ein ABM-System nennt, ein Antiraketen- (Anti-Ballistic-Missile-) System. Die Versuchung, ein solches System, wenn es technisch möglich ist, auch einzuführen, sei es selbst unter großen Kosten, ist sehr stark. Der Militär mag hoffen, dem Gegner damit wieder überlegen zu werden, oder er mag fürchten, der Gegner könne ihm hier voraus sein. Aber selbst ein humanes Argument wird genannt: tritt der Krieg wirklich ein, so rettet ein solches System Millionen Menschenleben. Sollten wir uns das nicht zwanzig oder dreißig Milliarden Dollar oder die entsprechenden Rubel kosten lassen? Aber die mutmaßliche Wirkung ist, daß der Krieg eben dadurch wieder möglich wird. Wenn er aber möglich ist, wer garantiert, daß er nicht eines Tages ausbricht? Ist es richtig, wenigstens zwanzig Milliarden Dollar dringenden anderen Aufgaben zu entziehen, um dafür eine Verminderung der Stabilität des Weltfriedens einzutauschen? Wie aber läßt sich dieser Wettlauf vermeiden wenn nicht durch eine politische Absprache der beiden großen Gegenspieler? So fordert der technische Fortschritt politische Lösungen; wäre ich der Vernunft der Welt sicherer, so würde ich sagen, er erzwingt sie.

11

Es ist klar, daß ich die vielen strategischen und politischen Implikationen des ABM-Problems hier nicht ausdiskutieren kann. Als eines der vielen möglichen Beispiele für die Instabilität eines durch bloße technische Entwicklungsstadien gesicherten Friedens mag es auch in dieser Kürze dienen.

2. Welternährung als Aufgabe der Weltinnenpolitik

Vielleicht wird das große weltpolitische Thema der kommenden Jahrzehnte der Hunger sein.

Die Menschheit zerfällt heute verhältnismäßig scharf in zwei Gruppen. Ein knappes Drittel der Menschen lebt in Ländern, in denen Industrie, Landwirtschaft und Bildungswesen einigermaßen hochentwickelt sind; zwei Drittel in Ländern, in denen alle drei Gebiete diese moderne Entwicklung noch nicht vollzogen haben. Die hochentwickelten Länder erzeugen mit einer Landwirtschaft, in der, im stabilen Endzustand, weniger als 10 % der Bevölkerung tätig sind, einen Lebensmittelüberschuß, den einzudämmen schwerer ist als es wäre, ihn noch zu steigern. Die sogenannten Entwicklungsländer, in denen der größte Teil der Menschen landwirtschaftlich arbeitet, vermögen ihre Bevölkerung heute nicht mehr selbst zu ernähren und werden das in den kommenden zwei oder drei Jahrzehnten immer weniger können. Die statistischen Zahlen lassen keinen anderen Schluß zu, als daß sich eine Hungerkatastrophe in vielen der Entwicklungsländer vorbereitet, der sehr viel mehr Menschen zum Opfer fallen werden als den beiden Weltkriegen.

Wie kann es zu einem so paradoxen und schrecklichen Ergebnis kommen? Die Gründe sind uns voll bekannt; sie liegen in der gegenwärtigen Entwicklungsphase der wissenschaftlich-technischen Welt. In den hochentwickelten Ländern ist die Produktivität der Landwirtschaft in den letzten Jahrzehnten durch Modernisierung vervielfacht worden; zugleich sind seit langem die Geburtenziffern auf weniger als die Hälfte des Durchschnitts früherer Jahrhunderte gesunken. In den Entwicklungsländern hat nur ein einziger Faktor der modernen Welt einen durchschlagenden Erfolg gehabt: die Medizin. Die Lebenserwartung des Neugeborenen ist von weniger als dreißig Jahren auf fünfzig und mehr Jahre gestiegen und steigt weiter. Die Geburten aber haben nicht abgenommen, und die Landwirtschaft ist im Durchschnitt so altmodisch geblieben wie früher.

Was kann geschehen?

Daß die Einschränkung der Geburtenzahl unerläßlich ist, ist offenbar. Aber sie tritt langsam ein. Und viele derer, die hungern werden, sind schon geboren. Bis zu 40 % der Bevölkerung dieser Länder ist jünger als 15 Jahre; die meisten von ihnen werden Kinder erzeugen, ehe die Familienplanungsprogramme sie erreichen.

Gegen akute Hungersnot müssen die hochentwickelten Länder ihre Lebensmittelüberschüsse einsetzen, wie es z. B. in Indien schon geschehen ist. Aber der Bedarf läuft unseren Überschüssen davon. Und weder politisch noch wirtschaftlich ist es ein möglicher Dauerzustand, daß jene Völker von Almosen leben, die sie nicht zurückerstatten können.

Die einzige mögliche stabile Lösung ist eine durchgängige Modernisierung des ganzen Lebens jener Nationen. Die Intensivierung der Landwirtschaft setzt ein erhebliches Maß an Industrialisierung voraus. Beides ist nur möglich Hand in Hand mit einem umfassenden Bildungsprogramm. Analphabeten können weder Maschinen bedienen noch Geburten verhüten. Die alten Kulturtraditionen der meisten jener Völker, vielleicht ihr größter, von uns kaum verstandener Schatz, sind zugleich oft das zäheste Hindernis der Modernisierung. Die vorkapitalistischen Gesellschaftszustände, auch sie ehrwürdig und heute unverstanden, müssen in diesem Prozeß zugrunde gehen.

Wer sich diese Aufgabe einmal vergegenwärtigt hat, für den ist es leicht, zu verzagen. Die heute so verbreitete Skepsis gegenüber der Entwicklungshilfe ist nur zu begreiflich. Wenn wir es uns moralisch und politisch leisten könnten, die Entwicklungsländer einfach dem ihnen bevorstehenden Unglück zu überlassen, so wäre das die nächstliegende Reaktion. Aber wir können es uns nicht leisten. Nur müssen wir wissen, daß der Versuch, in Zusammenarbeit mit den dazu fähigen Menschen jener Nationen die notwendige Umstellung durchzuführen, auch von unseren Nationen eine Anstrengung verlangt, die nicht geringer ist als die Anstrengung eines Krieges. Man braucht, was fast das geringste ist, unser Geld; geschätzt werden 2% unseres Brutto-Sozialprodukts. Man braucht viele Menschen aus unseren Ländern und viele zusätzliche Ausbildungsstellen an unseren Fach- und Hochschulen. Man braucht vor allem eine Neuorientierung unserer politischen Begriffe. Fast die einzige politische Bewegung in der Welt, die schon etwas wie ein klares Programm für das Ganze einer solchen Umwälzung hat, ist der Kommunismus. Er hat eine Theorie, ein ethisches Wertsystem und einsatzfähige Kader mit jahrzehntelanger Erfahrung. Ich bezweifle, ob er dem Problem gewachsen ist. Aber sicher begegnet er uns auf diesem Feld als der große Konkurrent und mögliche Gesprächspartner. Das ist ein Anfang der Weltinnenpolitik.

3. Ethik und Wahrheit

Der Satz, der Weltfriede verlange von uns eine außerordentliche moralische Anstrengung, wäre mißverstanden, wenn er nur als Aufforderung zu persönlicher Friedfertigkeit aufgefaßt würde. Einerseits wird der Weltfriede, sei es auf dem Weg über einen dritten Weltkrieg, sei es ohne ihn, wahrscheinlich mit technischer Zwangsläufigkeit kommen; die moralische Anstrengung ist notwendig, damit er in menschenwürdiger Gestalt kommt. Andererseits muß zwar jeder mit der moralischen Anstrengung bei sich selbst anfangen, aber dabei kann es nicht bleiben. Eine allgemeinverbindliche Ethik des Lebens inmitten der Technik muß entwickelt werden. Man kann von den Menschen nicht verlangen, sich in der technischen Welt sinnvoll zu verhalten, wenn sie nicht Normen dieses Verhaltens haben, die den tatsächlichen Verhältnissen angepaßt sind; Normen, die zwar vielleicht streng, aber für den gutwilligen Durchschnittsmenschen erfüllbar sind. Die moralische Forderung, die Straßenverkehrsordnung zu respektieren, ist ein alltägliches, der Gedanke einer Übertragung des hippokratischen Eids von der Medizin in die Technik und Naturwissenschaft ein heute noch fernerliegendes Beispiel.

Wir fragen nun aber nicht nach Beispielen, sondern nach den Grundlagen. Worauf kann eine solche Ethik beruhen? Die traditionellen Normen reichen im einzelnen nicht aus, denn die technischen Möglichkeiten und damit viele der Probleme sind neu.

Die Zweckmäßigkeit ist ein gefährlicher Maßstab. Welchen Zwecken soll unser Handeln gemäß sein? Welche Mittel rechtfertigt ein spezieller Zweck? Was rechtfertigt den Zweck selbst? Ich glaube, es gibt keine andere Antwort auf diese Frage als: die Ethik muß auf der Wahrheit beruhen.

Was soll das bedeuten? Erlauben Sie zuerst einen vereinfachenden Vergleich.

Auch jedes technische Gerät beruht auf der Wahrheit, nämlich auf der Erkenntnis der Strukturen der Wirklichkeit. Ist das Gerät nicht so entworfen, daß es den Naturgesetzen gemäß funktionieren kann, so wird es eben nicht funktionieren. Wir sind nun genötigt, Verhaltensnormen zu entwerfen, die das Zusammenspiel der Menschen selbst und aller von Menschen gebauten und bedienten Geräte beherrschen sollen. Es wird Gesetze geben, denen dieses Zusammenspiel unterliegt. Diesen Gesetzen muß unsere Ethik gemäß sein.

Ich sehe mehrere Einwände gegen diesen Gedanken voraus. Der ethische Relativist wird sagen, ethische Normen seien gesellschaftliche Konventionen; hier habe das Wort Wahrheit keinen Platz. Der ethische Personalist wird sagen, der Vergleich mit Naturgesetzen beraube die sittliche Entscheidung ihres Eigenwerts. Der religiöse Ethiker wird sagen, nicht wir hätten ethische Normen zu entwerfen, sondern Gott gebe sie uns. Alle drei weisen auf je ein Stück Wahrheit, aber ein noch unverstandenes. Hier zeigt sich, wie schwer es ist, das Wort Wahrheit auszulegen. Um ihnen zu antworten, werde ich den vollen mittleren, philosophischen Teil des Vortrags durchlaufen müssen. Ehe ich in ihn eintrete, möchte ich meine Ansicht in einem Gleichnis erläutern.

Der Begriff der Ethik diente mir als Mittelglied zwischen den Begriffen des Friedens und der Wahrheit. Ich meine, daß Friede und Wahrheit sich zueinander verhalten wie Leib und Seele. Ein Friede, der nicht auf Wahrheit beruht, ist starr und tot wie ein entseelter Körper; er wird sich zersetzen und wird zerfallen. Eine Wahrheit, die nicht einen Ort des Friedens hat, um sich in ihm zu verwirklichen, bleibt jenseitig oder abstrakt, eine leiblose Seele. Der Friede kann nicht leben ohne eine Wahrheit, die er leibhaft darstellt. Wahrheit kann nicht unter uns weilen ohne einen Raum des friedlichen Wachstums, den sie durchdringt. Es fragt sich, ob wir dies denken können.

II. Wahrheit und Friede

Ich möchte drei Arten durchgehen, in denen wir versuchen können, den Frieden von der Wahrheit aus zu verstehen. Man kann sie nennen den Frieden der Vernunft, den Frieden des Glaubens und den Frieden der Zukunft. Ich meine, daß zwischen ihnen kein Gegensatz, sondern ein Zusammenhang besteht.

1. Der Friede der Vernunft

Wenn wir sagen, die Ethik der technischen Welt müsse den Gesetzen entsprechen, nach denen Menschen zusammenleben können, so ist dies ein Appell an die Vernunft. Dieser Appell ist unentbehrlich. Denn jeder Mensch, der, wie man zu sagen pflegt, bei gesunder Vernunft ist, kann ihn verstehen. Vernunft ist das menschliche Vermögen, Zusammenhänge so zu erfassen, wie sie sind, also Wahrheit zu erkennen. Wie kann eine Ethik aussehen, die auf Vernunft beruht?

Ihr Kern ist die alte, wohl allen religiösen und säkularen Ethiken gemeinsame „goldene Regel", die im deutschen Volksmund zum Knittelvers banalisiert ist: Was du nicht willst, daß man dir tu, das füg' auch keinem andern zu.

Aber so ausgesprochen ist der Satz noch zweideutig. Er sagt, wie ich handeln soll, aber nicht warum. Ist er nur die Klugheitsregel, die mich lehrt, zu fürchten, der andere könnte mir heimzahlen, was ich ihm angetan habe? Wäre er das, so wäre es klug, ihm Gutes zu tun, wenn er es merkt oder die Macht der Vergeltung hat, sonst aber nicht. Den eigentlichen Sinn gewinnt der Satz, wenn er den Grund bezeichnet, aus dem heraus ich handeln soll. Warum denn fühlt sich der andere legitimiert, mir Böses mit Bösem heimzuzahlen? Doch weil er weiß, daß ich *mit Recht* den Anspruch auf gute Behandlung durch ihn nur erheben kann, wenn ich ihn ihm selbst zuerkenne? Was ist denn das für ein Recht, das man wissen kann?

16

Niemand hat diese Fragen so scharf durchdacht wie Kant. Was ein vernünftiger Wille ist, definiert nach ihm die Formel des kategorischen Imperativs; handle so, daß die Maxime deines Willens jederzeit zugleich als Prinzip einer allgemeinen Gesetzgebung gelten könne (Kritik der praktischen Vernunft § 7).

Sprechen wir überhaupt von Wahrheit, so ist es notwendig, daß wir uns wenigstens einmal der Strenge eines philosophischen Gedankens aussetzen. Was meint Kant mit seiner Formel? Sie ist ihm nicht ein neues Gebot, sondern nur die genaue Formulierung dessen, was jeder vernünftige Mensch immer schon weiß, sofern er nur sich selbst versteht.

Der Mensch ist ein vernünftiges Wesen, d. h. ein Wesen, das Vernunft hat. Vernunft und Freiheit bedingen einander. Vernunft ist das Vermögen, Wahrheit zu verstehen. Wenn ich aber eine Meinung habe, nicht weil ich ihre Wahrheit verstanden habe, sondern weil der Zwang psychologischer Notwendigkeit sie mir aufnötigt, dann übe ich nicht Vernunft; das vernünftige Anerkennen erkannter Wahrheit ist ein freier Akt. So beruht Vernunft auf Freiheit. Darum — dies sei am Rand bemerkt — ist es so beleidigend und so unvernünftig, wenn man einem Menschen, der eine Überzeugung äußert, nichts zu erwidern weiß als: er, als Mensch dieser Beschaffenheit oder als Glied dieser Gruppe, müsse ja so denken. „Du bist ein Kapitalist, ein Kleinbürger, ein Kommunist; du bist ein Christ, ein Professor, ein Politiker; du bist ein alter Mann, ein törichtes Weib, ein grüner Junge — darum mußt du so reden, wie du redest." Vernunft beruht auf Freiheit, vernünftiger Dialog auf Anerkennung der Freiheit des andern und meiner Freiheit, mich selbst zu korrigieren.

Freiheit beruht aber auch auf Vernunft. Nur eine vernunftgemäße Handlung ist eine freie Handlung; unter dem seelischen Zwang meiner Triebe und Neigungen bin ich unfrei. Deshalb sagte ich, der kategorische Imperativ definiere, was ein vernünftiger Wille ist; Motive seelischen Zwangs verdienen den Namen des Willens nicht. Was aber ist ein kategorischer Imperativ?

Wir haben zwar Vernunft, aber unser Handeln ist nicht von selbst vernünftig. Eben darum muß uns die Vernunft Vorschriften, Imperative geben. Alle Imperative hängen von Umständen und besonderen Zwecken ab, sind also bedingt, bis auf einen, der eben darum kategorisch, unbedingt heißt. Dieser schreibt nur vor, daß das Handeln überhaupt vernünftig sein soll. Was heißt vernünftiges Handeln?

Vernunft ist das Vermögen, das Allgemeine zu denken. Vernunftwahrheiten gelten immer und überall. Sie gelten für mich zu jeder Zeit, sie gelten für alle Menschen, ja für alle Wesen, die überhaupt Wahrheit verstehen können, und das heißt für alle vernünftigen Wesen. Ein Satz, der eine Vernunftwahrheit ausspricht, ist darum allgemein wahr, er ist ein Gesetz. Mein Handeln ist vernünftig, wenn das, was dieses Handeln bestimmt — die Maxime meines Willens — die Form des allgemeinen Gesetzes hat.

Was heißt „Form des allgemeinen Gesetzes"? Es genügt nicht, daß es sprachlich allgemein formuliert ist. Es darf sich selbst in seinen Konsequenzen nicht widersprechen. Es muß ein mögliches Prinzip einer allgemeinen Gesetzgebung sein.

Wie kann eine allgemeine Gesetzgebung aussehen? Halten wir uns an das nächstliegende Beispiel, die bürgerliche Ordnung der Gesellschaft im Staat. Diese Ordnung beruht auf dem Recht. Eine rechtliche Verfassung der Gesellschaft ist nach Kant eine solche, in der die größtmögliche Freiheit jedes einzelnen mit der Freiheit jedes anderen vereinbar ist. Auch hier sieht man, wie Vernunft und Freiheit einander bedingen. Die Vernunft gebietet nichts anderes als die Freiheit aller; sie gebietet diejenigen Einschränkungen der Freiheit des einzelnen, ohne die diese Freiheit aller unmöglich ist. Die Vernunft ist auch nur gegenwärtig, sie existiert nur, wie Kant sagt, in einer freien Gesellschaft, in der die Annahme einer Wahrheit nicht Zwang ist. Diese gegenseitige freiwillige Garantie der Freiheit aber ist Friede, und Vernunft ist Verstehen der Wahrheit. So ist also auch für Kant, obwohl er so nicht spricht, die Wahrheit die Seele des Friedens, der Friede der Leib der Wahrheit.

Kant lehrt weiterhin: Die Vernunft aber kann sich nicht damit begnügen, Frieden und Freiheit im Innern eines Staatswesens zu fordern. Die Allgemeinheit ihres Gesetzes umfaßt alle vernünftigen Wesen. Es ist eine Forderung der Vernunft, daß auch die Staaten in ihrem Verhältnis zueinander den Naturzustand des Kriegs aller gegen alle verlassen und in einen bürgerlichen, d. h.

rechtlichen Zustand eintreten. Das ist in der Geschichte bisher nicht vollzogen. Aber Aufklärung ist der Ausgang (d. h. das Heraustreten) des Menschen aus seiner selbstverschuldeten Unmündigkeit. Unmündig ist er, wenn er seine Vernunft nicht gebraucht. Selbstverschuldet ist die Unmündigkeit, da die Vernunft ihm mitgegeben ist und auf den Gebrauch wartet. Der ewige Friede ist eine Idee der praktischen Vernunft. Idee nennt Kant einen Vernunftbegriff, der unserem Denken Einheit gibt, indem er als Maß aller Verstandesbegriffe dient und die Möglichkeit ihres Zusammenhangs in einer umfassenden Wahrheit garantiert. Ihr regulativer Gebrauch wird dadurch nicht entwertet, daß eine Erfahrung, die der Vernunftidee adäquat wäre, nicht aufgewiesen werden kann. So dient die Idee des ewigen Friedens als das Maß, an dem alle Handlungen des Staates zu messen sind, auch wenn wir den vollen Weltfrieden, die rechtliche Ordnung der ganzen Menschheit nicht mit Augen sehen werden.

Soviel konnte ein klarer Blick 1795 erkennen. Mir liegt nichts daran, die heutigen Probleme in der Sprache jener Zeit, auch nicht in der Terminologie ihres größten Philosophen zu behandeln. Von uns ist verlangt, ebenso konsistent zu durchdenken, was uns aufgegeben ist. Die Vollendung einer Einheit, die Kant ahnte, ist heute näher. Ich glaube, das gilt auch im Felde der theoretischen Vernunft, in der Physik; aber das ist heute nicht mein Thema. Es gilt gewiß in der Dringlichkeit und der dadurch erzwungenen Möglichkeit des Friedens.

Der klassische Begriff der Vernunft faßt die Wahrheit als das immer und überall Gleiche. Eben darum ist er so geeignet, die Basis für die Einigung von Menschengruppen zu bieten, die in Rasse und Erziehung, Kenntnissen und Religion verschiedene, kaum vereinbare Voraussetzungen haben. Ein praktisch zu errichtender Weltfriede muß an die Vernunft appellieren. Aber wir müssen uns selbst fragen, ob dieser Begriff der Vernunft, so unentbehrlich er ist, erschöpft, was wir unter Wahrheit verstehen.

2. Der Friede des Glaubens

Gibt es einen Frieden Gottes, der höher ist als alle Vernunft? „Selig sind die Friedensmacher, denn sie werden Söhne Gottes

heißen." Wir müssen in diesem Satz der Bergpredigt den überlieferten deutschen Wohlklang „die Friedfertigen" und „Kinder
Gottes" wieder durch die härteren Worte des griechischen Textes
„Friedensmacher" (εἰρεινοποιοί) und „Söhne Gottes" (υἱοὶ θεοῦ)
ersetzen. Welchen Frieden machen diese Söhne Gottes?

Liest man die Bergpredigt als das, was sie offensichtlich auch ist,
als ein Gefüge ethischer Vorschriften, so steht in ihr nicht viel,
was über den Inhalt einer Ethik der Vernunft hinausgeht, freilich einer ernstgenommenen. Sie enthält die goldene Regel:
„Alles nun, was ihr wollt, daß euch die Leute tun, das tut auch
ihr ihnen; denn das ist das Gesetz und die Propheten." Dieser
Zusammenhang ist nicht zufällig. Woher hat denn die Bergpredigt die Kraft, daß bis zum heutigen Tage jeder unvoreinge-
nommene Leser, jeder, der sich nicht schon durch Reflexion für
sie blind und taub gemacht hat, von ihrer Lehre getroffen wird;
so daß er nicht ausweichen kann, zu bekennen: ja, im Grunde
ist eben dies die Wahrheit. Es ist für uns, die wir in der Tradition der Auslegung und Umdeutung dieser Sätze aufgewachsen
sind, wichtig, zu wissen, daß auch die großen Vertreter der asia-
tischen Religionen die Bergpredigt meist als schlichte Wahrheit
anerkennen, freilich im betonten Gegensatz gegen die Praxis der
meisten Christen.

Die Ethik der Bergpredigt ist im Grunde die Wahrheit. Dieses
„im Grunde" deckt alle Vorbehalte, die wir in der Praxis
machen. Kann man denn nach dieser Ethik leben? Was taugt
aber eine Ethik, nach der man nicht leben kann?

Hier mag der regulative Gebrauch der Vernunft einen ersten,
freilich unzureichenden Wink geben. Der reine Imperativ, den
jeder versteht, auch wenn ihn keiner streng befolgt, bleibt doch
immer das Maß, nach dem wir unser Handeln zu messen haben.
Schon der Möglichkeit seiner Erfüllung näher zu kommen, ist
der höchsten Anstrengung wert.

Die Bergpredigt enthält eben nicht nur Vorschriften; sie gibt
Einsicht in den Grund der Vorschriften. Drücken wir es modern
aus: Nicht erst Gewaltakt und Schimpfwort, sondern die Regung
der Aggression ist der Grund des Unfriedens unter uns, nicht
erst der Ehebruch, sondern die Regung des wahllosen Begehrens
ist der Grund der Vergeudung der Liebe. Der Grund unseres

moralischen Elends liegt nicht in dem, was wir tun, sondern in dem, was wir sind. Nicht Übertretungen zu vermeiden, sondern anders zu werden, ist der Sinn der Ethik.

Daß es möglich ist, anders zu werden, das ist die fast unglaubliche Hoffnung. Den Imperativ der Vernunft tastet die Bergpredigt nicht an, sie spricht ihn in aller Schärfe aus. Aber sie fügt zu ihm den Indikativ der Seligpreisungen, im Präsens und Futurum: Selig *sind* die Friedensmacher, schon jetzt, und sie *werden* Gottes Söhne heißen, wenn sichtbar geworden sein wird, was schon da ist. Das ist keine Forderung des Gedankens, sondern die Stimme eines lebendigen Menschen, der aus Erfahrung weiß, wovon er spricht. Der Friede Gottes ist schon unter uns. Er ist darin, daß wir lieben können, wie wir geliebt sind.

Aber die Welt ist damit noch nicht verwandelt. Hier tritt das zweite Wort über den Frieden ein: „Ihr sollt nicht wähnen, ich sei gekommen, Frieden zu bringen auf Erden. Ich bin nicht gekommen, Frieden zu bringen, sondern das Schwert." Die Struktur der Welt, wie sie vorliegt, ist auf den Unfrieden eingerichtet. Die Sehnsucht aller mag der Friede sein, die Interessen aller sind auf die Fortdauer des Unfriedens gebaut. Gerade die Friedensmacher wird man befehden, ja töten, und das Wort vom Schwert ist als Trost gesagt, damit sie nicht erstaunen, wenn ihnen dies begegnet.

Gott aber wird den Frieden auch in der Welt zuletzt herstellen. Das ist das Jüngste Gericht. Wir werden unsere christliche Tradition nicht verstehen, wenn wir nicht dasjenige in ihren Anfängen, was unserem Bewußtsein fremd geworden ist, klar sehen. Nach wahrscheinlicher Überlieferung hat Jesus selbst, ganz gewiß hat die frühe Gemeinde dieses Gericht, das Ende der Geschichte in naher Zukunft erwartet. Der Hergang war dann anders. Die Christen, die das Ende der Geschichte erwarteten, haben in nahezu zwei Jahrtausenden langsam die Geschichte verändert, vielleicht in gewissem Sinne aus den Ereignissen erst eine Geschichte gemacht. Der christliche Glaube war geschichtsgestaltend, gerade weil er seinen Grund nicht in der jeweiligen Geschichte hatte. Dabei ist manches herausgekommen, was rückblickend einfach als vernünftig betrachtet werden muß; und doch verdanken wir es einem Glauben, der sich nicht auf das beschränkte, was die Menschen jeweils für vernünftig hielten.

Wir sind die Erben dieser Geschichte. Was können wir hoffen? Was sollen wir tun?

3. Der Friede der Zukunft

Ist das Ende der Geschichte nur hinausgeschoben, oder war es ein leerer Traum? Erlauben Sie mir ein persönliches Geständnis. Ich habe von der kritischen Theologie gelernt, daß die Apokalyptik eine spätjüdische Form der Geschichtsphilosophie war, und daß die Offenbarung Johannis den Begriffs- und Bilderschatz der Apokalyptik zur Deutung ihrer eigenen Zeit, der Zeit Neros oder Domitians benützte. Wenn ich mit diesem fundierten Wissen lese, wie ein Physiker unserer Tage in der Unschuld der Generation für Generation wiederholten aktuellen Deutung nunmehr die Heuschrecken und das Feuer der Apokalypse als Flugzeuggeschwader und Atombomben liest, so kann ich gleichwohl nicht verhindern, daß mir ein Schauder den Rücken herunterläuft; der Schauder der Frage: „und wenn's wahr wäre?" Ich meine, der Schauder hat recht. Was wissen wir vom Sinn der prophetischen Bilder? Sagen wir es so rationalistisch, wie wir sind: Wenn sich Menschen jener Zeit die Geschichte, die zu erleben über sie verhängt war, nur in apokalyptischen Bildern begreiflich machen konnten, sollte das für die größeren Dimensionen unserer Geschichte anders sein? Vielleicht, wenn mir diese Bilder nicht durch Mark und Bein gingen, würde ich die fast unerträgliche Last, politisch für den Weltfrieden zu arbeiten, nicht auf mich nehmen.

Politisches Handeln aber, was seine Motive auch sein mögen, ist nur ernsthaft, wenn es sich der Selbstkritik der Vernunft unterwirft. Was ist nun für uns Vernunft, inmitten der Geschichte, im Lichte des christlichen Glaubens, vor dem verborgenen Abgrund der Zukunft? Ich möchte hier in wenigen Sätzen einige philosophische Probleme wenigstens nennen, die ich in diesem Vortrag nicht ausbreiten kann. Philosophisch gesprochen handelt es sich darum, wie wir die Zeit zu denken haben. „Sein und Zeit" ist die Formel unseres Problems. Die Wahrheit, die immer und überall

22

gilt, überzeugt uns vielleicht nicht mehr. Mit der Überwindung der griechischen Ontologie, aus der dieser Wahrheitsbegriff abgeleitet ist, macht man es sich freilich oft zu leicht. Die Frage ist, wie denn Wahrheit sein kann, wenn Sein nicht Immersein, nicht ewige Gegenwart heißt. Platons Zeitdefinition, nach der die Zeit das nach der Zahl fortschreitende ewigliche Abbild der im Einen verharrenden Ewigkeit ist, hat sich dieser Frage gestellt. Der Zeitbegriff der Bibel ist freilich anders, und er ist mit den Begriffen des Bundes, der Schöpfung, der letzten Dinge geschichtsgesättigt, aber er ist philosophisch nicht reflektiert, und es ist kein Zufall, daß er in der Geschichte der Theologie dem Platonismus unterlag. Der Existenzbegriff des Existenzialismus, der Aktbegriff neuerer Theologie scheint mir das Problem nicht zu lösen. Hier wird getrennt, was zusammengehört: das Einmalige vom Dauernden, der Mensch von der Natur, das Heil von der Schöpfung.

Nun wende ich mich aber der einen für die Friedenspolitik relevanten Frage zu, wie das Bewußtsein unseres wissenschaftlichen Zeitalters die Geschichte, zumal die zukünftige Geschichte denkt. Wir denken die Geschichte gewiß nicht als die Reproduktion des immer Gleichen. Die griechische theoretische Philosopie des ewigen Eidos scheitert wohl schon an der Geschichtlichkeit der Natur; Aristoteles scheitert an Darwin. Wir verstehen die Geschichte auch nicht als die unbegrenzte Annäherung an ein überzeitliches Ziel; darin unterscheiden wir uns von Kant. Wir kennen den Begriff des wesentlich Neuen. Man darf zwar glauben, das Neue sei im Vorhergehenden als Möglichkeit angelegt gewesen, aber diese Möglichkeiten sind uns nicht voll erschlossen. Niemand kann in wissenschaftlich zwingender Weise im mittleren Tertiär das Kommen des Menschen, im Paläolithikum das Kommen der Hochkultur, im Mittelalter das Kommen der industriellen Revolution nachweisen. Im Rückblick ist all dies möglich, vielleicht wahrscheinlich; im Vorblick hätte es, wenn wir ein vorblickendes Wesen fingieren dürfen, phantastisch erscheinen müssen. So erweist auch die bisherige Geschichte den Weltfrieden nicht positiv als möglich, und doch läßt sie nicht den Schluß auf seine Unmöglichkeit zu.

Wir haben aber zugleich ein sehr präzises Verhältnis zu unserer näheren Zukunft in der Form der Planung, der Prognostik. Man etabliert eine neue Wissenschaft, die Futurologie, die in besserem Griechisch wohl Mellontik heißen müßte. Charakteristisch ist dabei der Übergang von statischen zu dynamischen Modellen des Geschehens, z. B. in der Nationalökonomie vom Begriff des wirtschaftlichen Gleichgewichts zu dem des Wirtschaftswachstums. Was geschieht in dieser wissenschaftlichen Beschäftigung mit der Zukunft? Welche Art von Wahrheit hat sie? Wir benützen auch hier das Mittel des Allgemeinbegriffs. Begrifflich denken können wir nur, was oft geschehen kann und was daher in gewisser Weise schon oft geschehen ist. Aus solchen Begriffen aber entwerfen wir Strukturen dessen, was sein könnte, auch wenn es in dieser Zusammenstellung noch nie war. In ihnen wägen wir gedanklich das Wünschbare gegen das Mögliche und Wahrscheinliche ab. Die Prognosen prüfen wir am Erfolg und verbessern danach die Prämissen. Am Ergebnis orientieren wir unser Handeln, so wie sich, um ein klassisches Beispiel zu zitieren, die Entscheidungen militärischer Führer an den Aufmarsch- und Feldzugsplänen des Generalstabs als möglichen, zur Wahl gestellten Handlungsschematen orientieren. Voll vorhersagbar aber ist kein Feldzug. In dieser Denkweise sind oft gewisse allgemeine Strukturen leichter vorherzusagen als die Einzelheiten. Wieviel Nahrung die Menschen brauchen werden, läßt sich einigermaßen abschätzen; wo die Nahrung verfügbar sein und wo der Hunger ausbrechen wird, mag von den Unvorhersagbarkeiten lokaler Politik und selbst des Wetters abhängen. Eine allgemeine Vorhersage dieser Art ist unser Ausgangssatz: Der Weltfriede ist Lebensbedingung des technischen Zeitalters. Solche Sätze kann man nur in einer Menschheit aussprechen, die rational-prognostisch in die Zukunft schaut, und die bereit ist, die Welt zu verändern. Diesen Frieden können und müssen wir planend anstreben. Er ist nicht der Friede des Reiches Gottes, denn der läßt sich nicht planen; er ist Verwandlung der Politik in Weltinnenpolitik. Über ihn können und müssen wir auch mit Menschen einig werden, die vom Frieden Gottes keine oder eine skeptische Vorstellung haben. Aber mir sei hier noch einmal ein persönliches Bekenntnis erlaubt. Wenn ich nicht glaubte, daß ganz andere, tiefere Veränderungen im menschlichen Bewußtsein möglich sind und auf uns warten als der Übergang in die Weltinnenpolitik, so hätte ich vielleicht nicht den Mut, diesen Übergang zu betreiben. Wenn ich an den Frieden Gottes nicht glaubte, wäre mir der Friede der Zukunft nicht mehr als ein Schatten über einem Abgrund.

III. Die Verwirklichung des Friedens

Die Verwirklichung des Friedens ist ein Thema für mehr als einen Vortrag. Ich kann heute nur noch die Fäden von der Theorie bis an den Beginn der Praxis auszuziehen suchen. Ich folge locker der Disposition des ersten Teils und spreche vom Frieden als Entwurf, von aktiver Weltinnenpolitik und von der Ethik des Friedemachens im Blick auf innerkirchliche Debatten.

1. Der Friede als Entwurf

Sofern ich im ersten Teil des Vortrags recht gehabt habe, lehrt uns die Analyse vieler Beispiele, daß die technische Welt sich nicht von selbst stabilisiert. Daraus habe ich dort gefolgert, daß sie mit politischen Mitteln stabilisiert werden muß. In der Praxis können solche politischen Lösungen noch auf lange Sicht hinaus wohl nur partiell sein. Man kann günstigenfalls die heutigen Probleme einer Region lösen, etwa die von Mitteleuropa oder Südostasien — beides ist, wie wir wissen, noch fern — oder die Probleme eines Lebensbereichs, etwa der Rüstungskontrolle auf zehn Jahre oder der Ernährung eines Subkontinents für eine ähnliche Zeitspanne. Die Entwicklung läuft jeder gelungenen Lösung wieder davon und weist damit auf die Notwendigkeit einer globalen politischen Lösung, eines politisch garantierten Weltfriedens.

Dieser Weltfriede steht vor uns als die große gedankliche Aufgabe unserer Zeit. Hier mag der Satz nicht ganz übertrieben sein, daß Theorie die radikalste Praxis sei. Denn die Notwendigkeit einer solchen globalen Ordnung wird sich den Menschen von Jahrzehnt zu Jahrzehnt deutlicher aufdrängen. Im Wirbel der Interessenkämpfe und der politischen Torheiten wird sich dann doch auf die Dauer diejenige Struktur als praktikabel herausschälen, welche die Menschen gedanklich zu fassen gelernt haben; man kann nichts verwirklichen, was man nicht begreifen kann. Deshalb sollte keine Aufgabe den Ehrgeiz denkender Köpfe so sehr reizen wie der Entwurf einer möglichen Friedensordnung.

Dieser Entwurf wird die Elemente des Friedens der Vernunft enthalten müssen. Aber er wird sich freihalten müssen von der Vorstellung eines statischen Endzustandes, eines endlich erreichten Gleichgewichts. Diese Vorstellung gehört historisch zum Bilde der ewigen rationalen Wahrheit; sie hat den älteren Weltfriedensutopien ihre Faszination und ihre Irrealität gegeben. Der künftige Entwurf muß vielmehr ein dynamisches Modell sein. Er darf sich weder am Wunschtraum des Aufhörens der Konflikte noch am Albtraum der Zwangsjacke für alle Konflikte orientieren; er muß einem festen Skelett mit beweglichen Gelenken und einem Blutkreislauf in einem wachsenden Organismus gleichen.

Zum Entwurfscharakter gehört, daß mehrere konkurrierende Modelle sinnvoll gedacht werden können. Dies ist ja schon die Signatur des heutigen politischen Denkens: nicht mehr der Interessenkonflikt der Nationen, sondern die Konkurrenz der Ideologien steht im Vordergrund des Bewußtseins. Ideologien aber sind oder implizieren Modelle eines erhofften Weltzustandes. Die Entschärfung dieses Konflikts, die Entideologisierung der Ideologien könnte gefördert werden, indem die intelligente Jugend der Welt den Modellcharakter dieser Entwürfe erkennt und damit ihre Offenheit für Diskussion. Wer Menschenmassen dumpf und berechenbar führen will, mag eine Weile Erfolg haben, indem er ihnen ein einziges Zukunftsbild dogmatisch aufrichtet. Für den beweglichen Verstand der Menschen, welche die Zukunft wirklich zu gestalten haben, ist die Pluralität möglicher Friedensmodelle kein Nachteil, sondern eine Chance. Der Kampf der Ideologien ruft nicht nach Sieg oder Niederlage, sondern nach Verständigung durch vernünftige Neuinterpretation. Die wissenschaftlich-technische Welt kann nicht von politischen Konzepten her geordnet werden, die allzuweit unter dem Niveau des Denkens der Wissenschaft bleiben. In der Wissenschaft aber gehört die Mehrheit möglicher Modelle und ihre freie Diskutierbarkeit zu den selbstverständlichen Denkmitteln. In der technischen Praxis gehört dazu dann auch stets die Entscheidung zwischen mehreren Entwürfen mit allen daran hängenden Folgen und auch Irrtumsmöglichkeiten. All dies muß im Entwurf des Friedens gedacht und den Köpfen der vielleicht 60 000 Menschen faßlich gemacht werden, welche die Geschichte von 3,6 Milliarden Menschen faktisch lenken.

2. Aktive Weltinnenpolitik

Die politischen Aufgaben der Gegenwart sind noch durch eine Kluft vom politisch garantierten Weltfrieden getrennt. Der Entwurf dieses Friedens kann uns nur als regulative Idee dienen, an der wir unsere eigenen Handlungen messen. Ich gebe eine ganz kurze Liste der m. E. aktuellen Aufgaben.

Die feindliche Bipolarität des kalten Krieges hat beide Weltmächte weltpolitisch gelähmt. Im Schutze dieser Lähmung sind andere Machtzentren entstanden, und eine polyzentrische Weltstruktur bahnt sich an. Diese ihrerseits beflügelt den Versuch der beiden Großen, zu einer kooperativen Bipolarität, einer zu zweit abgesprochenen Weltordnung für die nächsten Jahrzehnte zu kommen. Ich meine, wir haben sowohl die Bildung regionaler Zentren wie die Zusammenarbeit der beiden Großen aktiv zu unterstützen; es fällt uns, die wir nicht Bürger einer der beiden Weltmächte sind, zu, beide Tendenzen — die polyzentrische und die kooperativ-bipolare — miteinander womöglich zu versöhnen. Um dies an einem aktuellen Beispiel zu erläutern: Wenn die großen Kernwaffenbesitzer zuerst ihre eigene nukleare Bewegungsfreiheit durch ein Teststopabkommen einschränken, um dann den nichtnuklearen Mächten durch einen Vertrag zur Nichtverbreitung von Kernwaffen eine schärfere, aber unerläßliche Grenze zu ziehen, so steht es uns an, dieses gesamte Vertragswerk nach Kräften zu unterstützen. Verträge dieser Art sind ganz gewiß nicht hinreichend zur Sicherung des Weltfriedens, aber sie sind unentbehrlich als Teile einer sehr viel umfassenderen Entwicklung. Eben darum aber müssen sie so abgefaßt sein, daß sie von den verzichtleistenden nichtnuklearen Mächten nicht als unerträgliche Fessel, insbesondere also nicht als Hinderung ihrer wirtschaftlichen Bewegungsfreiheit empfunden werden; nur dann können sie haltbar sein. Es ist also im wohlverstandenen Interesse der beiden Weltmächte, sich hier der Wünsche der dritten Länder aufs sorgfältigste anzunehmen. Das meine ich mit der Notwendigkeit, kooperative Bipolarität und Polyzentrismus zu versöhnen.

Aber alle Vereinbarungen dieser Art haben noch etwas eigentümlich Stumpfes. Sie verhindern günstigenfalls die Entstehung neuer Gefahrenquellen. Sie sind auch wertvoll als Einübung gemeinsamen Handelns. Aber sie schaffen die vorhandenen Rüstungen nicht ab und zementieren, isoliert genommen, den Status quo mit allen in ihm liegenden ungelösten Problemen, allen Stauungen, die solange anschwellen, bis sie sich später entladen werden.

Eines der wichtigsten Elemente einer dynamischen Weltinnenpolitik, eines Aufschmelzens der Erstarrungen, sind gemeinsame Aufgaben. Unter diesen die wichtigste ist wohl die Ernährung derer, die schon hungern oder bald hungern werden. Wo aber Gefahr ist, wächst das Rettende auch — dieses Wort hat sich mir selten so aufgedrängt wie vor dieser Aufgabe. Hier besteht die Möglichkeit, das Gegeneinanderprallen der Ideologien in einen produktiven Wettstreit und eine sachliche Zusammenarbeit zu verwandeln. Hier ist die große Forderung, die eine Aussicht bietet, große Kräfte freizusetzen. Wer in diesem Wettstreit versagen wird, wird die Achtung der Welt und die Selbstachtung verlieren, wer sich bewährt, mag hoffen, daß seiner Auffassung die Zukunft gehört. Wenn andere Motive nicht ausreichen, den entstabilisierenden Rüstungswettlauf zu verhindern, so vielleicht die Notwendigkeit, Geld für diesen wichtigeren Wettlauf zu sparen. Vietnam ist heute eine blutende Wunde. Wenn die Verzweiflung des Hungers um sich greift, werden sich mehr solche Wunden bilden. Wenn jedoch die Verwandlung unseres politischen Denkens und Handelns zustande kommt, die zum Kampf gegen den Hunger gehört, werden wir vielleicht lernen, wie diese Wunde gestillt und geheilt werden kann. Was jedem von uns heute möglich ist, einerlei wie er über die politischen Fragen denkt, ist, beizutragen zur Fürsorge für die Opfer des Kriegs, unangesehen der Seite, die sie verwundet hat, so wie es vorbildlich die Quäker tun.

28

Es wird auch für unser Volk lebenswichtig sein, nicht im Wohlstand und nicht in den eigenen Problemen, so schwer sie sind, hängenzubleiben, sondern aktiv an dem teilzunehmen, was die Menschheit bewegt.

3. Die Ethik des Friedens

Die Ethik des Friedens betrifft nicht nur ein paar scharfsinnige Köpfe, die Friedensentwürfe ausdenken können und nicht nur die zahlreichen, die an der Politik und an der Entwicklungshilfe mitwirken können und sollen. Sie betrifft, als Ethik, alle. Darum ist mit Recht in den vergangenen Jahren über ihre Gestalt, zumal in kirchlichen Kreisen, viel Streit gewesen. Erlauben Sie mir noch ein paar Worte zur kirchlichen Situation in diesem Punkt.

Die Gefahr der Welt in ethischen Dingen ist die Gleichgültigkeit, die Gefahr der Kirche ist die Gesetzlichkeit. Ich habe in den letzten zwei Jahrzehnten viele Debatten miterlebt, in denen die Anhänger entgegengesetzter Richtungen zu definieren suchten, was dem Christen erlaubt ist und was nicht. Ich wäre sehr froh gewesen, wenn ich eine mich überzeugende Auskunft erhalten hätte, aber ich habe keine gehört.

Der Sinn der ehrwürdigen Doktrin des gerechten Kriegs war nicht, den Krieg gerechtzusprechen, sondern dieses entsetzliche Übel soweit einzuschränken, als es in diesem Äon möglich schien. Krieg sollte auf Verteidigung einer gerechten Sache mit sachgerechten Mitteln beschränkt werden. Die Praxis mag diesen Idealen oft Hohn gesprochen haben; doch war es wichtig, daß die Ideale anerkannt waren, denn man konnte an sie appellieren. Es ist die typische Gefahr der Schwärmer, durch absolute Forderungen den humanisierenden Schutzwall rechtlicher Normen niederzureißen; sie wissen nicht, was sie tun.

Aber die technische Welt läuft den überlieferten Normen davon. Wie der faktische Einsatz von Atomwaffen mit den überlieferten Begriffen des gerechten Kriegs vereinbart werden kann, habe ich nicht zu sehen vermocht. Der Besitz solcher Waffen zur Abschreckung, in der Hoffnung, sie nie einsetzen zu müssen, ist ein Ritt über den Bodensee, ein Tanz über dem Abgrund. Eine Theologie aber, die positiv schließen zu können meint, andere Waffen seien zwar erlaubt, Atomwaffen jedoch nicht, verwandelt ein pragmatisch wohlbegründetes Empfinden der heutigen Menschen in logisch kaum begründbare Sätze; die waffentechnische Entwicklung weniger Jahrzehnte geht über diese Distinktionen hinweg. Viel klarer habe ich demgegenüber die Forderung der Friedenskirchen empfunden, der Christ möge auf jeden Waffengebrauch verzichten. Diese Forderung ist genau dann überzeugend, wenn sie mit der illusionslosen Bereitschaft zum Leiden verbunden ist. Hier wird nach meinem Empfinden mit dem Christentum in einer Weise ernst gemacht, die kein anderer Weg je zu übertreffen hoffen kann. Was hier überzeugt, sind wohl nicht die theologischen Argumente, es ist das vorgelebte Leben. Man wird wohl nur hinzufügen müssen, daß dieses Vorbild uns die Aufgabe noch nicht erspart, für die Majorität der Menschheit, die dem Vorbild heute nicht zu folgen vermag, einen gangbaren Weg zu finden.

Ich könnte diesen kurzen Durchgang durch lange Debatten ins Breite ausdehnen. Doch wird dabei schwerlich mehr zutage kommen, als das wir zur zeitlosen dogmatischen Deduktion der Ethik, die wir brauchen, nicht in der Lage sind. Wir werden zugeben müssen, daß positive ethische Normen einem geschichtlichen Ort, einer gesellschaftlichen Situation zugehören. In der Frage des Kriegs scheint mir das technische Zeitalter nicht eine alte oder neue Ethik des Verhaltens zu einer unwandelbaren Institution, sondern die Abschaffung dieser Institution, die Schaffung des Friedens, zu erzwingen. Die Gesetzlichkeit, die weiß, was erlaubt und was verboten ist, ist ein Gehäuse, in dem sich eine Weile leben läßt; aber wir haben jetzt einen Strom zu regulieren, der sonst alle unsere Gehäuse, mögen sie rechts oder links stehen, fortschwemmt. Das fordert von uns die sehende Freiheit der Entscheidung, die immer das Geschenk des Evangeliums an die Christen war. Liebe, und tu, was du dann wollen kannst.

Aber die Freiheit der Entscheidung schließt nicht aus, sondern ein, daß wir uns freiwillig Normen unterwerfen. Alles steht uns frei, aber nicht alles ist förderlich. Wir sollen weder unsere Mitmenschen noch uns selbst überfordern. Die Stunden der Entscheidung sind selten, und im täglichen Leben sind Normen unerläßlich. Nur haben wir die Freiheit, die Normen vernünftig zu beurteilen, sie bestehen zu lassen oder zu erneuern; der darum entbrennende Streit ist ebenfalls notwendig und, wenn er in der Liebe geführt wird, heilsam. Doch wird eine Zeit des Übergangs, wie es die unsrige in der Sache des Friedens ist, in bezug auf diese Sache keine schlechthin allgemeingültige Norm zulassen. Wer sich der Norm des Waffentragens unterwirft, trägt, wenn er es gewissenhaft tut, dazu bei, eine Ordnung zu schützen, die wir noch nicht durch eine neue Ordnung zu ersetzen vermocht haben. Wer sich der Norm des Waffenverzichts unterwirft, muß hoffen, heute schon ein Beispiel der Ethik zu geben, die eines Tages die allgemeine sein wird. Beide tragen dann und nur dann zum Wachstum einer neuen, verbindlichen Ethik bei, wenn sie vermögen, den, der nach gewissenhafter Prüfung die entgegengesetzte Entscheidung getroffen hat, zu achten. Hier gewinnt die Formel „Friede und Wahrheit" einen neuen Klang. Die neuen Normen werden nicht überzeugend sein, wenn sie nicht auf dem Boden der Wahrhaftigkeit wachsen. Zur Wahrhaftigkeit gehört das Eingeständnis der eigenen Grenzen. Erst in diesem Eingeständnis betreten wir den gemeinsamen Boden der Wahrheit.

Kindlein, liebet euch untereinander, soll der Apostel Johannes in seinem Alter als einzige Ermahnung stets wiederholt haben. Paradoxerweise ist die größte Versuchung für Protestanten die Werkgerechtigkeit. Das größte gerechtmachende Werk aber, das der Protestant seinem Gott auf dem Altar darzubringen versucht ist, besteht darin, daß er — gerade er — den rechten Glauben habe. Wo wir jedoch den anderen so lieben können, daß wir seinen Glauben achten, da ist das Evangelium. Da beginnt Wahrheit, da ist Friede.

FRIEDLOSIGKEIT
ALS SEELISCHE KRANKHEIT*

Bitte erlauben Sie mir, meinen Vortrag mit einer persönlichen Erinnerung zu beginnen. Mitten im zweiten Weltkrieg habe ich einmal Bethel besucht. Pastor Fritz v. Bodelschwingh war kurz zuvor tief besorgt von einer seiner Reisen nach Berlin zurückgekommen. In seinen dortigen Gesprächen mit den führenden nationalsozialistischen Funktionären des Gesundheitswesens war es wieder einmal darum gegangen, ob es ihm gelingen würde, den Vollzug des geheimen Euthanasiebefehls Hitlers von den Tausenden der Betheler Kranken abzuwenden. Bodelschwingh nahm hier wie stets seine Gesprächspartner menschlich ernst. Er suchte eine Sprache zu finden, die sie verstanden, er rang mit ihnen um den Wert auch des leidenden, verhüllten menschlichen Lebens; und auf eine in den Ursachen nie ganz aufgeklärte Weise ist es ja schließlich dazu gekommen, daß der Abtransport und die Tötung der Betheler Kranken unterblieb. Diese Dinge bewegten ihn, als ich mit ihm und seiner Frau — wenn ich mich recht erinnere — am Frühstückstisch saß. Da ertönte auf einmal vor dem Fenster des ebenerdigen Zimmers eine jugendliche und doch etwas brüchige Männerstimme, die allein einen Choral sang. Frau v. Bodelschwingh bedeutete mir, daß heute der Geburtstag ihres Mannes sei; der leicht schwachsinnige junge Mann, einer der vielen ganz persönlichen Schützlinge ihres Mannes, lasse sich diese Form des Geburtstagsgrußes nicht nehmen. Wir hörten zu dritt den Gesang an; zuletzt wurde der Sänger freundlich begrüßt und entlassen, und wir kehrten zum Thema des Gesprächs zurück. Pastor Fritz sagte nachdenklich: „Ja, wenn ich so aus Berlin zurückkomme und mich in Bethel von der

---

* Vortrag, gehalten in Bethel bei Bielefeld im September 1967 auf der 100-Jahr-Feier des Bestehens der von Bodelschwinghschen Anstalten.

Pforte an diese meine lieben kranken Freunde in ihren sonderbaren Weisen begrüßen, dann bin ich wieder zu Hause. Da muß ich oft denken: die hier sind doch nur im Kopf verrückt, aber die in Berlin sind im Herzen verrückt."

Dies führt mich auf das Thema meines Vortrags. Die Welt jener Berliner Befehlsträger war eine Welt nicht ohne einsatzbereiten Idealismus und nicht ohne scharfe Intelligenz, aber sie war eine Welt furchtbarer Friedlosigkeit. Bodelschwingh nahm auch diese Menschen ganz und gar ernst, aber er nahm sie ernst als unwissentlich kranke Menschen — als im Herzen Verrückte. Gerade weil er mit Kranken menschlich sprechen konnte, konnte er auch mit jenen Funktionären menschlich und darum wirksam sprechen. Er verstand die Friedlosigkeit als seelische Krankheit. Hier muß ich nun ein zweitesmal einsetzen. Elne Anekdote wie die, die ich erzählt habe, mag als Blickfang geeignet sein, aber gerade darum enthält sie die Gefahr, zu verdecken, daß ich von unserem eigenen Alltag zu reden verpflichtet bin. Die Nazis zu verdammen, ist heute leicht, und indem Friedlosigkeit an den Nazis demonstriert wird, sind wir alle getrost, daß von den Bösen und nicht von uns die Rede ist. Umgekehrt: von einem Bodelschwingh läßt man sich gern erzählen, wie er auch seine Feinde liebt, denn unsere Gesellschaft kann froh sein, wenn es in ihr Menschen gibt, die so etwas leisten, was man von uns normalen Menschen nicht verlangen darf. Mit diesen zwei naheliegenden Fehlern ist dann der Sinn der Geschichte ins Gegenteil verkehrt; denn nicht vom Außergewöhnlichen, sondern vom Alltag soll die Rede sein.

Ich setze daher zum zweitenmal an mit einem Problem, das der heutigen Welt, also uns allen gestellt ist, dem Problem des Weltfriedens. Über dieses Problem habe ich mir einige Thesen zurechtgelegt und bitte um Entschuldigung dafür, wenn ich diese Thesen hier noch einmal zum Ausgangspunkt der Betrachtung mache.

Der Weltfriede ist Lebensbedingung des technischen Zeitalters. Das technische Zeitalter, das ist unsere Zeit, unser Alltag und der Alltag unserer Kinder und Enkel. Es ist die Welt, in der man zu einer Tagung wie der heutigen mit Auto, Eisenbahn oder Flugzeug anreisen kann, in der unsere Ernährung und Kleidung am Welthandel hängt, in der die Medizin die Zahl der Weltbevölkerung zur Explosion bringen und, wie wir hoffen müssen, auch begrenzen kann, und in der Atombomben und Napalm das verfügbare, biologische Waffen vielleicht das künftige Kriegspotential andeuten. Diese Welt bedarf des Friedens, wenn sie sich nicht selbst zerstören soll.

Ich bespreche zwei einander entgegengesetzte Einwände, die doch oft von denselben Menschen erhoben werden.

Erstens: Was sollen diese Beteuerungen? Wir leben ja im Frieden. Gerade die großen Waffen schützen den Frieden.

Darauf antworte ich: Woran erkennen wir, daß dieser Friede anders ist als friedliche Jahrzehnte früherer Zeiten? Oft herrschte zwischen Großmächten in der Spanne zwischen dem letztvergangenen und dem nächstfolgenden Krieg die Ruhe der Waffen, in welche freilich, wie auch heute, sogenannte Randgebiete und Spannungszonen nicht einbezogen waren. Diese Art des Friedens reicht für uns nicht aus. Uns mit ihr zufriedenzugeben, ist lebensgefährlich. Der große, atomare Krieg als wiederkehrende Institution wäre tödlich. Das ist anderwärts zur Genüge auseinandergesetzt; heute gehe ich auf technische Einzelheiten nicht ein. Wir bedürfen eines institutionell gesicherten Weltfriedens.

Zweiter Einwand: Dieser Gedanke ist schwärmerisch, utopisch. Es hat immer Krieg gegeben und wird immer Krieg geben. So ist die Natur des Menschen. Der Kampf ums Dasein ist der Motor des Fortschritts, und vollendete Friedfertigkeit ist den Heiligen vorbehalten. Wir aber sind keine Heiligen.

Wie ich schon sagte, kann man oft genug diesen Einwand aus demselben Munde hören wie den vorigen. Dieselben Menschen meinen, wir lebten ja im Frieden und Friede sei bloß ein frommer Wunsch. Der unbemerkte Selbstwiderspruch ist, psychologisch gesehen, wohl hier wie so oft Ausdruck einer Verdrängung. Man verdrängt ein Wissen, dessen Anblick man nicht erträgt. Im normalen Seelenleben ist Verdrängung oft ein unentbehrliches Mittel zur Wahrung des seelischen Gleichgewichts. Wo aber lebensnotwendige Einsichten verdrängt werden, kann die Verdrängung zwangshaft, neurotisch werden. Die Verdrängung des Friedensproblems ist in unserer Zeit ein Symptom einer seelischen Krankheit. Diese Behauptung will ich im ganzen weiteren Verlauf des Vortrags zu erläutern suchen.

Rational ist auf den zweiten Einwand zu antworten: Wäre der Krieg mit allen verfügbaren Waffen auch im technischen Zeitalter unvermeidlich, so wäre die Zukunftsaussicht der Menschheit so gut wie hoffnungslos. Die Spezies Mensch wäre dann eine der vielen Fehlkonstruktionen, die der Kampf ums Dasein hervorbringt und wieder verschlingt, wie vielleicht die Säbeltiger, die, wie es scheint, an der Hypertrophie ihrer Waffen zugrunde gegangen sind. Die Wahrheit aber ist anders. Wir haben die möglichen Lebensformen der technischen Welt vernünftig zu entwerfen und politisch durchzusetzen. Hierfür habe ich eine weitere These formuliert: Der Weltfriede, den wir jetzt schaffen müssen, ist nicht das goldene Zeitalter der Konfliktlosigkeit. Er ist eine neue Form der Kanalisierung der Konflikte. Er ist Weltinnenpolitik. Ich vermute, daß er einer, möglichst föderativen, Zentralautorität mit Waffenmonopol bedürfen wird.

Hierauf höre ich manchmal einen ganz anderen Einwand als die vorigen. Er lautet: Dieses Zukunftsbild ist die Ausdehnung des Gewaltstaats auf die ganze Welt. Das ist kein Friede, sondern die technokratisch organisierte Tyrannis, die erstarrte Friedlosigkeit.

Ich antworte: Wer diesen Einwand erhebt, hat meine Sorge verstanden. Die Abschaffung der Institution des Kriegs ist lebensnotwendig. Der billigste Weg zu ihr ist aber ein letzter, größter Krieg und die darauffolgende Einfrierung der Friedlosigkeit. Eben deshalb habe ich eine dritte These formuliert: Der Weltfriede bedarf, um wahrhaft Friede zu werden, einer außerordentlichen moralischen Anstrengung. Man kann mein heutiges Thema auch als eine Interpretation des Wortes „moralisch" im Begriff der notwendigen moralischen Anstrengung auffassen. Ich wende mich hiermit von den politischen Plänen und Prognosen, den Themen anderweitiger Darlegungen, ab, und frage: was muß geleistet werden, damit wir Menschen zum Frieden fähig werden? Was müssen wir leisten?

Vorhin sprach ich von Einwänden, die ich als Ausdruck einer Verdrängung verstand. Verdrängung ist ein Wort aus dem Sprachschatz der Tiefenpsychologie. Der Psychotherapie gelingt es manchmal, einen neurotischen Zwang zu lösen, indem sie dem Patienten hilft, einer verdrängten Wirklichkeit ansichtig zu werden. Das Ansichtigsein einer Wirklichkeit nennen wir Wahrheit. Solche seelische Heilung, wo sie gelingt, ist Heilung durch Wahrheit, und zwar durch Wahrheit, die nicht der Arzt dem Kranken autoritativ auferlegt — das ist nutzlos, denn für den Patienten ist sie dadurch noch nicht Wahrheit —, sondern durch Wahrheit, die der Kranke selbst entdeckt. Entdeckte Wahrheit löst einen zuvor unlösbaren Konflikt des Kranken mit sich selbst, sie löst ein Stück Friedlosigkeit auf; sie gewährt einen Raum inneren Friedens. So, meine ich allgemein, ist Wahrheit Seele des Friedens, und jeder Friede Leib einer Wahrheit. Die moralische Anstrengung, von der ich sprach, ist nicht die Befolgung eines vorgeformten Moralkodex. Sie ist nur der nicht ruhende Versuch, der Wahrheit ansichtig zu werden, die unsere innere Friedlosigkeit löst, und dieser Wahrheit gemäß zu leben, auch und gerade angesichts der fortdauernden Friedlosigkeit um uns und in den unerlösten Schichten unseres eigenen Selbst.

Dies ist das abstrakte Schema, das nun mit konkretem Inhalt zu erfüllen ist.

Zunächst frage ich, gleichsam rekapitulierend, was in der Diagnose der Friedlosigkeit als einer seelischen Krankheit impliziert ist. Es mögen vier Punkte sein:

1. Friedlosigkeit ist nicht ein Aspekt menschlicher Gesundheit, sondern menschlicher Krankheit. Sie ist also weder etwas was sein soll, noch etwas was leider unausweichlich sein muß. Hierüber wird das Mittelstück des Vortrags ausführlich handeln.

2. Es ist also ein sinnvolles Ziel, die Friedlosigkeit zu überwinden. Wir haben uns nicht mit ihr abzufinden.

3. Friedlosigkeit ist von außen her weder als Dummheit noch als Bosheit anzusprechen; eben darum ist sie weder durch Belehrung noch durch Verdammung zu überwinden. Sie bedarf eines anderen Prozesses, den man Heilung nennen sollte. Erst in der Heilung wird der Kranke selbst innewerden, inwiefern er als Kranker töricht und schuldig war.

4. Der Kranke, dessen Krankheit nicht oder noch nicht geheilt werden konnte, bedarf der Fürsorge. Heilung der Friedlosigkeit ist, menschlich gesehen, nicht möglich ohne einen Rahmen, der die Fürsorge für die Ungeheilten umfaßt.

Ich wende mich zum breiten Mittelstück des Vortrags, das dem ersten dieser vier Punkte gewidmet ist, der Frage, wo in der menschlichen Natur die Friedlosigkeit ihren Ort und ihren Grund hat. Warum hassen wir einander und uns selbst, weit über das Maß hinaus, in dem wir es uns bewußt eingestehen?

Der große Mythos, mit dem die biblische Geschichte des Menschen beginnt, läßt die Friedlosigkeit aus dem Sündenfall folgen. Der Sündenfall selbst aber geschieht in einer uns allen tief vertrauten unbegreiflichen Grundlosigkeit. „Und die Schlange sprach zum Menschen ..." Die Vertrautheit mit diesem unbegreiflichen Vorgang, in der wir alle leben, ist der Kern seelischer Wahrheit in der viel mißverstandenen Lehre von der Erbsünde. Aber das Bewußtsein unseres wissenschaftlichen Zeitalters hat keinen unmittelbaren Zugang mehr zu diesen mythischen Bildern. Sie geben keine kausale oder strukturelle Erklärung und helfen uns daher nicht, uns im Einklang mit unserem alltäglichen Denken richtig zu verhalten. Sie werden eher dort herangezogen, wo wir eine Spaltung unseres Bewußtseins in den gemeinsamen Bestand wissenschaftlicher oder halbwissenschaftlicher Rationalität einerseits und eine Sphäre privater Religiosität andererseits zulassen, d. h. in der Resignation, in der Ratlosigkeit des rationalen Denkens gegenüber dem Faktum des Unfriedens. Dort dienen sie dann dazu, unserer Untätigkeit den Schein des Rechts zu geben, d. h. sie dienen dem Unglauben: „Der Mensch ist eben aus dem Paradies vertrieben; da kann man nichts machen."

Daher will ich im folgenden soweit wie möglich einer kausalen, an der Naturwissenschaft orientierten Anthropologie folgen. Der Friede, den die Wissenschaft erzwingt, muß, soweit es möglich ist, auch mit den Mitteln der Wissenschaft gedacht werden.

Die Wissenschaft aber ist heute über die Gründe des Phänomens, das ich hier Friedlosigkeit nenne, nicht einig. Vielfache Kenntnisse — biologische, tiefenpsychologische, soziologische, ökonomische, historische — sind zu ihrer Beurteilung nötig, Kenntnisse, die wohl kein einzelner Mensch in seinem Kopf vereinigt. Die Wissenschaft findet sich vor den Lebensfragen der Menschheit in einer Lage, die jedem Arzt vertraut ist. Der Arzt kann nicht warten, bis die Medizin alles erforderliche Wissen gesammelt und geordnet hat; der Patient würde darüber hinwegsterben. Der

Arzt muß eine diagnostische Hypothese wagen und ihr gemäß handeln. So mag es dem Philosophen erlaubt sein, im Namen von Wissenschaften, in deren keiner sein spezielles Fachwissen liegt, eine synthetische Diagnose zu wagen und sie der Kritik der Fachleute zu unterbreiten.

Es sei zunächst an ein paar einzelne Mutmaßungen erinnert, die sich auf diese oder jene Wissenschaft berufen.

Nach Darwin ist der Mensch als biologische Spezies aus der natürlichen Zuchtwahl im Kampf ums Dasein hervorgegangen. Die unmittelbare Anwendung dieses Denkschemas auf den Fortschritt der menschlichen Gesellschaft, oft Sozialdarwinismus genannt, legt nahe, die heute bestehende Menschenart als die Nachkommen der Sieger historischer Kämpfe zu verstehen. Sieger im Kampf wird wohl bleiben, wer kämpfen kann und will. So erscheint die Feindseligkeit des Menschen gegen seinesgleichen als eine erblich erworbene Vorbedingung des Überlebthabens. Ist die Aggressivität biologisch ererbt, so ist es leicht, sie heroisch zu idealisieren, wie es in unserem Lande zuletzt der Nationalsozialismus getan hat; es ist dann aber sehr schwer, auf ihre Überwindung in einer Welt, die der Friedfertigkeit bedarf, zu hoffen. Die Friedlosigkeit ist dann gerade ein Merkmal des gesunden Menschen und darum der Heilung weder bedürftig noch fähig.

Friedensoptimistische Lehren haben darum danach gestrebt, den Ursprung der Friedlosigkeit nicht in unserer Herkunft, sondern in unserer sozialen Umwelt, im Milieu, zu finden. Denn unsere Umwelt können wir zu ändern hoffen, die Herkunft ist Schicksal. So sucht der Marxismus die Quelle der Aggression in sozialen Verhältnissen, nämlich in der Herrschaft von Menschen über Menschen. Er setzt damit ein klares Ziel: der Gang der Geschichte hat zuletzt alle Herrschaft aufzuheben; dann wird mit dem Quell auch der Strom der Aggression versiegen. Diese Lehre hat die Kraft einer revolutionären Handlungsanweisung. Man wird jedoch sagen müssen, daß die erfolgreiche historische Probe aufs Exempel bisher noch nicht vorgelegt ist.

Einen anderen Aspekt des Milieus hebt die Psychoanalyse hervor. Wir beobachten oft, daß Menschen sich zwanghaft irrational, insbesondere auch aggressiv verhalten, denen ihre aktuelle Umwelt dazu keinen der Reaktion angemessenen Anlaß gibt. Diese

Menschen scheinen Vergangenes zu rächen oder zu büßen. Freud entdeckte die Quelle neurotischer Zwänge in den vergessenen ersten Kindheitsjahren. Niemand sollte über Friedlosigkeit und ihre Wurzeln in Angst und Aggression mitreden, der sich, wenn er nicht selbst Psychotherapeut ist, nicht wenigstens von erfahrenen Psychotherapeuten an vielen konkreten Einzelfällen hat erzählen lassen, wie wir durch unser Verhalten zu unseren Kindern in den ersten zwei oder drei Lebensjahren ihnen unwissentlich Reaktionsweisen aufprägen, die nachher kaum mehr zu ändern sind. „Man könnte erzogene Kinder gebären, wenn nur die Eltern erzogen wären", sagt Goethe. Hier wird das erworbene Verhalten fast so schicksalhaft wie wenn es angeboren wäre, und es zeigt sich die tiefe psychologische Wahrheit des als grausam verschrienen alttestamentlichen Satzes, daß die Sünden der Väter an den Kindern bis ins dritte oder vierte Glied gerächt werden. Wird es glücken, dieses forterbende Dunkel durch Erziehung aufzuhellen?

Gemeinsam ist den Umwelttheorien das Problem, was denn die Anlagen im Menschen sind, die ihn auf bestimmte familiäre und gesellschaftliche Verhältnisse so zu reagieren veranlassen. Der Kampf um die begrenzt vorhandenen Güter, kurz der Hunger allein erklärt nicht die grenzenlose Aufhäufung von Macht und Geld, die unstillbare Aggression des einst Unterdrückten. Der Marxismus nimmt hier, wenn ich richtig sehe, als gegeben an, was er erklären müßte, und Freuds Theorie bedurfte eines naturwissenschaftlich kaum geklärten Gefüges von ihrerseits nun doch angeborenen Trieben.

Es scheint mir, daß jede der drei Lehren, die ich hier aus manchen anderen herausgegriffen habe, einen großen Brocken Wahrheit in der Hand hat, die aber durch die Isolierung von anderen Tatsachen zur Unwahrheit wird. Für einen synthetischen Ansatz, der keine übertriebene Originalität beansprucht, mag es zweckmäßig sein, an eine klassische Definition des Menschen anzuknüpfen. Der Mensch heißt in der überlieferten Philosophie ein *animal rationale*, oder, um die schärfere griechische Urfassung zu zitieren, ein *zoon logon echon*, also auf deutsch ein Tier, das der Rede mächtig ist. Ich gebe hier Logos, wovon Ratio die lateinische Übersetzung ist, dem schlichten Wortsinn gemäß mit Rede wieder. Damit ist natürlich Rede gemeint, die einen Sinn hat, wie man also sagt vernünftige Rede, oder, wie Heidegger schön paraphrasiert, die Wahrheit vorliegen läßt. Ich halte mich der Reihe nach an die zwei Teile der Definition, erst an das Tier, dann an die Rede.

In der humanistischen Tradition übersetzt man *zoon* oder *animal* zutreffend und doch etwas weichherzig mit Lebewesen und läßt den Menschen dann das vernünftige Lebewesen sein; damit fühlt man sich vom Tier weit genug abgerückt. Das ist gefährlicher Hochmut. Mit tiefem Recht hat demgegenüber die Naturwissenschaft des 19. Jahrhunderts die tierische Natur des Menschen wieder sehen gelehrt, indem sie uns zum ersten Mal klarmachte, daß wir sogar in der Geschlechterfolge von den Tieren abstammen. Darwin lehrte uns die Bedingungen tierischen Überlebens und tierischer Fortentwicklung sehen. Selbst wenn man nicht behaupten darf, es sei heute wissenschaftlich erwiesen, daß die Selektion im Kampf ums Dasein ausreicht, um die pflanzliche und tierische Evolution zu erklären, so ist diese Selektion doch ohne jeden Zweifel ein ausmerzender Faktor von der größten Bedeutung. Man wird also den Menschen nicht verstehen, wenn man nicht sein Erbteil biologischer Anpassung an die Bedingungen des Überlebens versteht. Vorhin nannte ich Angst und Aggression die Wurzeln der Friedlosigkeit. Damit habe ich Friedlosigkeit als ein komplexes Phänomen bezeichnet. Dieser seiner komplexen Natur kann ich in einem einzelnen Vortrag nicht gerecht werden. Es sei mir erlaubt, heute das Hauptgewicht auf die eine Komponente der Aggression zu legen. Das Wort Friedlosigkeit bezeichnet zum mindesten *auch* eine aus der Ordnung geratene Aggression. Die Aggression des Menschen aber hat ihre Wurzeln in seiner tierischen Natur.

Andererseits sind die vorhin angedeuteten sozialdarwinistischen Theorien im wesentlichen schlechter Darwinismus, und das heißt eigentlich gar kein Darwinismus. Sie vernachlässigen das fundamentale Faktum, daß nicht Individuen, sondern Arten überleben, und daß alles Überleben einer Art im Durchschnitt der Fälle wesentlich daran hängt, daß Artgenossen einander nicht töten. Um es ganz darwinistisch auszudrücken: wäre die Natur im Würfelspiel der Mutation (Veränderung im Erbgefüge) nicht auf

Konstruktionspläne für Organismen verfallen, die angeborenermaßen den Artgenossen *schonen,* so wäre die Entwicklung bis zum Menschen gar nicht möglich gewesen. Das biologisch Erstaunliche ist eben nicht, daß es Tiere gibt, die gegen ihresgleichen friedfertig sind, sondern daß Aggression gegen Artgenossen gerade bei höheren Tieren so verbreitet ist und sich beim Menschen — und nur bei ihm— bis zur systematischen Tötung von seinesgleichen versteigt.

Eine moderne, gut darwinistische Theorie der Aggression gegen Artgenossen hat Konrad Lorenz vorgelegt, und eigentlich müßte ich eine besondere Vortragsstunde benutzen, um sie zu referieren. Ich rechne darauf, daß sein Buch „Das sogenannte Böse" — das, wie er selbst nachträglich gesagt hat, besser hätte heißen müssen „Diesseits von Gut und Böse" — allgemein bekannt ist, und referiere das mir jetzt Wichtigste in Stichworten.

Spezifische Aggression gegen Artgenossen, aber fast durchweg verbunden mit einer Hemmung oder physischen Unfähigkeit der Tötung des Unterlegenen, ist ein Merkmal fast aller höheren Tiere. Der Tiger zeigt keinen Zorn gegen seine Beute, wohl aber gegen einen konkurrierenden Tiger; doch tötet er zwar seine Beute, aber nicht den anderen Tiger. Und auch der Hahn, der Körner frißt, kämpft gegen den anderen Hahn, der Tauber gegen den anderen Tauber, der flüchtige Hirsch gegen den Hirsch. Lorenz gibt gute Gründe für die Meinung an, daß dieses Verhalten primär artfördernd ist. Die feindselige Abgrenzung von Territorien verbreitet die Art über ein weites Gelände; der Kampf der Männchen um die Weibchen sichert dem kräftigsten Individuum die größte Nachkommenschaft. Der Darwinist hat Grund zur Annahme, daß eine Art, in der die Aggression ins Artschädigende umschlägt, also etwa wirklich zur Ausrottung der Artgenossen führt, mit der Zeit aussterben, also von uns kaum je beobachtet werden wird. Vielleicht ist unsere eigene Spezies fast die einzige Ausnahme, und wir sind ja in der Tat von der Selbstzerstörung bedroht.

Sehr viel interessanter als diese primären Wirkungen der Aggression ist aber eine sekundäre Wirkung, die Lorenz unter dem Titel „das Band" beschreibt. Die Erfahrung scheint zu lehren, daß die individuelle Bindung zweier Tiere gleicher Art aneinander, also tierische Ehe und Freundschaft, nur bei solchen Tieren auftritt, die starke Aggression gegen ihresgleichen besitzen. Um es vermenschlichend zu sagen: man kann nur lieben, wen man auch hassen kann. Viele der wichtigsten instinktiven Gesten der Freundschaft und Zusammengehörigkeit bei Tieren sind nach Lorenz ritualisierte Aggressionsgesten. Hier gewinnt die von Humanpsychologen oft bedauerte Ambivalenz des Terminus Aggression einen genetischen Sinn, eine Ambivalenz, die das Bedeutungsfeld von einem Vernichtungstrieb bis zum präzisen Angehen eines Objekts überdeckt (vgl. z. B. Erikson, Insight and Responsibility, S. 212). Im deutschen Wort „angreifen" liegt dieselbe Ambivalenz; man greift einen Feind, aber auch eine Aufgabe an. Aggression, so darf man vielleicht sagen, schafft Struktur; sie individualisiert. Hat man dies einmal erfaßt, so kann man die ritualisierte Aggression in allen Strukturen menschlicher Gemeinschaft wiederfinden, bis hin zu jenen subtilen Hemmungssystemen, die gerade waffentragende Aristokratien, etwa unter dem Titel der Ritterlichkeit, entwickelt haben. Wer das Kampfspiel der wissenschaftlichen Diskussion liebt, sollte sich seiner Verwandtschaft mit dem Hahnenkampf nicht schämen.

Die Stärke dieser Theorie liegt darin, daß sie dem uns allen so wohlbekannten und doch rational kaum zu begreifenden Faktum menschlicher Aggression eine kausale Erklärung und Rechtfertigung in den Bedingungen der Entstehung unserer Art verschafft. Wäre diese Theorie alles, was hierzu zu sagen ist, so müßte sie uns freilich für die Zukunft der Menschheit tief pessimistisch stimmen. Offensichtlich ist die Aggression beim Menschen, verglichen mit dem Tier, außer Kontrolle geraten. Menschen töten Menschen, und die Mittel des Tötens haben Dimensionen angenommen, welche die Arterhaltung bedrohen. Unter dem Aspekt der Aggression erscheint der Mensch als das kranke, als das im Herzen verrückte Tier. Und wenn diese Verrücktheit angeboren ist, wie soll Erfahrung und Vernunft des Individuums sie ändern? Kein Leser wird sich dem Eindruck entziehen können, daß die letzten Kapitel des Lorenzschen Buches, die vom Menschen und von seiner Rettung vor den Gefahren fehllaufender Aggression handeln, sehr viel weniger überzeugend sind als die Kapitel über die Tiere.

Hier muß der zweite Teil der klassischen Definition eingreifen. Der Mensch ist *zoon logon echon*, das Tier, das Rede hat. Was ist damit gesetzt?

Beginnen wir beim Äußeren. Wie hat der Mensch die Rede? Er hat sie nicht wie eine inhaltlich bestimmte angeborene Verhaltensweise, auch nicht wie eine solche, die sich erst spät im individuellen Leben entfaltet, wie etwa die Geschlechts- und Brutpflegeinstinkte. Angeboren ist ihm die Fähigkeit, ja die Nötigung, eine Sprache zu lernen; die Form und somit der Inhalt dieser Sprache aber ist nicht angeboren. Wenn die Berichte von den sogenannten Wolfskindern richtig sind, so kann ein Kind, das über ein bestimmtes Alter hinaus keine Sprache gelernt hat, nicht mehr die volle Reife als Mensch erreichen. Der Mensch also ist auf Tradition angewiesen, und damit verfügt er in gewisser Weise über den Schatz der Erfahrung seiner Vorfahren. Er ist, wie Lorenz einmal gesagt hat, das Tier, das die Entdeckung gemacht hat, wie man erworbene Eigenschaften vererben kann. Wie hochabstrakt hier im übrigen der Begriff der Rede, des Logos, zu nehmen ist, zeigt die Austauschbarkeit der gewählten Zeichen. Eine Sprache muß der Mensch lernen, um Mensch zu sein; welche Sprache er lernt, ist für sein Menschsein sekundär. Schon Kinder lernen aus einer Sprache in die andere zu übersetzen. Die Schrift kann die Lautsprache repräsentieren oder ablösen; selbst Taubstumm-blinde vermochten in Tastzeichen auf hohem Niveau sprechen zu lernen.

Was aber ist der Gehalt dieses hochabstrakten Gebildes, worauf zeigt dieses Zeichensystem? Jedes Wort, jede Redefigur bedeutet so etwas wie ein Ding, eine Eigenschaft, einen Vorgang, eine Handlungsstruktur. Welchen Namen verdient das Ganze dieser Gehalte? Ich weiß dafür keinen anderen Begriff als den der Wahrheit, der entdeckten, ansichtig gemachten Wirklichkeit. Hier wäre nun ein philosophischer Exkurs über den Begriff der Wahrheit nötig, der wiederum mehr als eine Vortragsstunde in Anspruch nehmen würde, und auf den ich verzichten muß. Ich muß hier unser aller schlichtes Alltagsverständnis von Worten wie wahr und wirklich in Anspruch nehmen. Das Tier ist der Wirklichkeit, in der es lebt, angepaßt, es erweist sich in seinem Verhalten mit ihr vertraut; wäre es nicht so, so könnte das Tier nicht überleben. Der Mensch hingegen kann eben diese Wirklichkeit wissen; im Medium der Sprache, des Denkens, der Vorstellung hat er sie gleichsam noch einmal, und aus diesem Wissen heraus kann er nicht nur sich ihr anpassen, sondern auch sie verändern. Die Wirklichkeit, die er wissen kann, ist nicht nur die äußere Welt, in der er lebt, sondern auch er selbst: die Gesellschaft, das Ich. Der Mensch ist also gerade noch nicht voller Mensch, wo er nur instinktiv angepaßt handelt, und er hat andererseits das Menschsein verfehlt, wo unangepaßte Triebfragmente sein wissendes Verhalten überspülen und ausschalten. Der Mensch, der dort, wo er wissend handeln müßte, einem inneren Zwang folgend unwissend handelt, ist krank. Wenn Friede Bedingung menschlichen Lebens ist, so ist Friedlosigkeit seelische Krankheit.

Aber diese Hergänge müssen genauer betrachtet werden. Die einfache Gegenüberstellung von Instinkt und Wissen beschreibt den Menschen nicht. Das Instinktgefüge wird zwar auf dem Wege zum Menschen gelockert, aber nicht zerstört. Es wird eher bereichert, indem zum angeborenen starren Verhalten eine angeborene Fähigkeit zu lernen hinzukommt; das ist schon bei den höheren Tieren so. Beim Menschen könnte man sagen, sein Lebensgang bestehe in der sukzessiven Entfaltung angeborener Fähigkeiten zum Aufnehmen und Nutzen immer neuer Strukturen der menschlichen Überlieferung und der sich zeigenden Wahrheit. Eric H. Erikson gliedert den menschlichen Lebenslauf nach den Zeiten, in denen gewisse „Tugenden" oder „Stärken" dem Menschen zum erstenmal zugänglich werden, beginnend mit der Hoffnung, die schon dem Säugling zukommt, und endend mit der Weisheit des reifen Alters. All diesen angeborenen Anlagen aber ist gemeinsam, daß sie eben Vermögen des Erfülltwerdens mit Inhalt, aber nicht selbst schon Inhalt sind. Sie können, wenn der Lebensgang glückt, erfüllt werden, sie können aber auch mehr oder weniger leer bleiben, verkümmern, verdreht werden, erstarren. Der Mensch, dem als Säugling die Fähigkeit zu hoffen zerstört wurde, wird keins der späteren Vermögen mehr wirklich ergreifen können. Hier liegt die große psychologische Wahrheit des Wortes von Pastor Fritz v. Bodelschwingh, es bedürfe auch einer Seelsorge für Säuglinge. Daß der Mensch wird, was er sein kann, daß er er selbst wird und das weiß, nennt man heute oft die Gewinnung einer Identität. Die Identität ist im einzelnen Inhalt nicht voll vorbestimmt; sie muß sich mit den Chancen des Lebens, mit der zugewiesenen oder verfügbaren sozialen Rolle abfinden. Was der Mensch braucht, ist aber jedenfalls eine Identität. Diese ermöglicht ihm, mit sich selbst im Frieden zu leben. Und Friede mit sich selbst ist nötig, um Frieden mit den anderen halten zu können.

Soeben habe ich die Bezogenheit der instinktiven Anlage des Menschen auf Inhalte geschildert. Welche Struktur aber haben diese Inhalte? Ich habe sie als Wahrheit charakterisiert. Aber sie sind ja nicht das schlichte, unvermittelte Sichzeigen einer Wirklichkeit, wie diese an sich ist. Die Form menschlichen Wissens, wie es in der Rede, im Logos vermittelt wird, ist Tradition. Tradition heißt Geschichte. Der Mensch ist ein Wesen, dessen instinktive Ausstattung darauf angelegt ist, Geschichte zu haben. Das Tier lebt zwar ebenfalls in einer Art Geschichte. Es lebt in der objektiven Geschichte der Natur, deren Produkt seine Spezies mit ihren spezifischen Anlagen ist, und in der eine Weiterevolution stattfindet. Diese Geschichte ist aber für das einzelne Tier im wesentlichen in Erbanlagen und Umwelt gegenwärtig. Der Mensch hingegen ist darauf angelegt, sein Leben in den Inhalten zu haben, die er aus der Geschichte der Menschheit aufnimmt und in denen, die er zu dieser Geschichte hinzufügt.

Indem ich von Aufnehmen und Hinzufügen spreche, gerate ich unweigerlich in die Feuerlinie zwischen den Fronten konservativen und revolutionären Denkens. Dies ist ein politischer Gegensatz, aufgeladen mit aller Spannung gegenseitiger Aggression. Und das ist kein Zufall. Redet man philosophisch vom Menschen, so ist es ein Kriterium dafür, ob man von seinen wirklichen Problemen spricht, daß man nicht mit kühler Neutralität durchkommt, sondern jede scheinbar wissenschaftliche Formulierung Affekte wachruft, Positionen bestätigt oder erschüttert. Durch die Wahl einer komplizierten Fachsprache kann man sich dem vorübergehend entziehen; ich strebe aber das Gegenteil, die Deutlichkeit durch Vereinfachung an.

Es scheint mir, daß weder der Konservative noch der Revolutionär grundsätzlich und ein für allemal recht hat. Ihr Ringen miteinander ist nötig, und Einzelfälle müssen im Blick auf ihre besondere Struktur entschieden werden. Ich möchte meine persönliche, wie ich weiß subjektive, Position nicht im unklaren lassen. Ich empfinde mich selbst als einen in der Anlage konservativen Menschen, der in der Auseinandersetzung mit den konkreten Problemen Schritt für Schritt genötigt worden ist, einschneidende Änderungen zu fordern, weil ohne sie alles, was er bewahren möchte, dem sicheren Untergang anheimfiele. Von diesem in meinem Naturell und Schicksal mitgegebenen Blickpunkt aus lege ich mir den Konflikt von Bewahrung und Veränderung als einen vereinfachten Anblick eines eigentlich dreieckigen Verhältnisses zurecht: der dritte Partner ist die Wahrheit, d. h. die im historischen Prozeß sich zeigende Wirklichkeit. Beide Parteien nehmen ja Wahrheit in Anspruch, der Konservative die längst entdeckte und verwirklichte, der Revolutionär die neugefundene oder bisher unterdrückte. Wesentlich scheint mir, daß die Wahrheit über den Menschen selbst geschichtlich ist. Der Mensch ist, wie Nietzsche sagt, das nicht festgestellte Lebewesen; er ist das Tier, das Rede hat, das also auf nicht vorweg festgelegte Gehalte angelegt ist. Der Traditionsschatz, den der Konservative bewahren will, ist selbst das Erbe gelungener Revolutionen. Andererseits muß der Revolutionär, der sagen will, worum es ihm geht, eine Sprache sprechen, die die Menschen verstehen, also eine Sprache, die vor ihm da war; der revolutionäre Traum des Neubeginns auf einer tabula rasa ist ein Selbstmißverständnis, das zur Barbarei führt, wenn man seiner Verwirklichung nachkommt.

Was bedeutet dies, angewandt auf den Frieden?

Der Mensch geht biologisch-historisch gewiß nicht aus dem von alten Gesellschaftstheoretikern fingierten Kampf aller gegen alle hervor. Die uns nächstverwandten Affen, wie alle etwas gescheiteren Tiere, leben in Familien oder Horden, in denen, mit Hilfe von viel ritualisierter Aggression, die Formen des inneren Friedens der Gruppe seit Jahrmillionen eingespielt sind. Die menschliche Geschichte hat uns in der für die Anpassung kurzen Zeitfolge von wenigen Jahrtausenden das Dorf, den Stadtstaat, das Großkönigtum, die Kirche, die Nation, das Imperium beschert. Jede dieser Formen bedarf anderer Strukturen des inneren

Friedens. Jede neue Friedenspflicht bricht alte Loyalitäten. Hier entstehen fast unerträgliche Konflikte, und möglich ist den Menschen eigentlich immer nur das an Anpassung gewesen, was hinreichend viele von ihnen als notwendig erkannten. Deshalb ist es so wichtig, daß heute so viele Menschen als möglich die Notwendigkeit einer Friedensordnung der Menschheit erkennen. Ich hebe hervor, daß ich unter Anpassung nicht die äußere Angleichung des einzelnen an soziale Normen verstehe, sondern das Vermögen, so zu handeln, wie die Aufgaben der Wirklichkeit es fordern.

So gesehen erscheint unsere Friedlosigkeit einfach als ein Mangel an Anpassung an die Wirklichkeit unserer Welt. Aber das wußten wir schon. Die Frage ist: wie leisten wir diese Anpassung? Ich nannte die Friedlosigkeit eine Krankheit. Wo tritt im Anpassungskonflikt die Krankheit auf? Oder habe ich vielleicht den Begriff der Krankheit leichtfertig verwandt, in jener Intellektuellen-Metaphorik, der kein seriöser Mediziner zustimmen darf?

Krankheit gehört zu jenen in der Praxis unentbehrlichen Begriffen, die gleichwohl kaum eine befriedigende abstrakte Definition zulassen. Er deutet auf eine in unserem Leben immer wiederkehrende Wirklichkeit, deren Gründe wir zu wenig durchschauen, um sie gegen ihren Gegenbegriff, die Gesundheit, scharf genug abgrenzen zu können. An subtilen Grenzbestimmungen kann mir nicht liegen, nur das Phänomen der Krankheit müssen wir uns vor Augen stellen.

Gesundheit verstehen wir vielleicht am ehesten als Normalität. Was aber ist die Norm eines Lebewesens? Biologisch mag man sie als das Gefüge derjenigen Eigenschaften auffassen, die für das Überleben seiner Spezies optimal sind. Hierüber stehen ein paar erleuchtende Seiten im Buch von Lorenz: die Graugans des Zoologen ist nicht der statistische Durchschnitt der empirisch lebenden Graugänse, sondern sie ist jenes nie vorkommende „optimale" Tier, von dem die empirischen Graugänse nicht zu weit abweichen dürfen, wenn sie mit ihrer Brut überleben wollen; es ist die darwinistisch begriffene platonische Idee der Graugans. Nun aber ändern sich in der Evolutionsgeschichte die Arten. Der Menschenfuß, der für einen Affen eine Mißbildung wäre, ist für den Menschen Bedingung des aufrechten Gangs, also integrierender Bestandteil des Menschseins. Was aber ist dann bei einem geschichtlich rasch weiterschreitenden Wesen wie dem Menschen die seelische Norm, die Norm des Verhaltens? Oft genug erscheint der erste Wissende den Zeitgenossen als der Verrückte. Ja, eine leise Unangepaßtheit meines Gemüts ans Bestehende mag Bedingung für neue Erkenntnisse sein.

Trotz dieser Definitionsschwierigkeiten meine ich, daß die Begriffe seelischer Gesundheit und Krankheit beim Menschen einen brauchbaren Sinn haben. Wenn es die Gesundheit der Graugans ist, den fast unwandelbaren Bedingungen des Lebens wilder Graugänse angepaßt zu sein und die Schwankungen dieser Bedingungen zu überstehen, so mag es die Gesundheit des Menschen sein, sich den immer neuen Anforderungen menschlichen Lebens aktiv und notfalls sie selbst umgestaltend anpassen zu können. Gesundheit erscheint so als das Innehaben der menschlichen Vermögen, als die Gegenwart der Kräfte oder Tugenden im Sinne Eriksons. Was aber ist dann Krankheit? Daß Anpassung schwer ist, daß jede menschliche Entwicklung durch lebensbedrohende Krisen geht, das ist noch nicht Krankheit; von Kraft spricht man nur sinnvoll, wo es einen Widerstand zu überwinden gibt. Aber es gibt das eigentümliche Phänomen des vorübergehenden oder dauernden Unvermögens, eine Kraft auszuüben, der vorübergehend oder dauernd unkorrigierbaren Abweichung von der gesunden Norm. Ein verkrüppeltes Bein *kann* nicht zum Gehen benutzt werden, der Epileptiker *kann* im Anfall die Muskeln nicht koordinieren, der tief Depressive *kann nicht* die physisch gesunden Glieder zur täglichen Arbeit benutzen. Eine physiologische Theorie der Krankheit müßte tief in die Bedingungen des Funktionierens von Steuerungssystemen eindringen. Das versuche ich heute nicht; das Phänomen der Krankheit ist uns allen bekannt.

Ich sage nun, daß Friedlosigkeit in diesem Sinne eine Krankheit ist, ein Unvermögen, die Anpassung an die Notwendigkeit des Friedens zu leisten. Friedfertigkeit nämlich ist eine Kraft, ein Vermögen. Der verhuschte Feigling, der nicht angreift und seine Aggression, in scheinbare Demut eingewickelt, in sich hineinfrißt, ist nicht friedfertig. Friedfertig ist, wer Frieden um sich entstehen lassen kann. Das ist eine Kraft, eine der größten Kräfte des Menschen. Ihr krankhaftes Aussetzen oder Verkümmern, fast stets bedingt durch mangelnden Frieden mit sich selbst, ist die Friedlosigkeit. Friedlosigkeit ist eine seelische Krankheit.

Hiermit beende ich den Hauptteil des Vortrags, das Mittelstück, das erläutern sollte, inwiefern Friedlosigkeit als Krankheit aufgefaßt werden kann. Dies war der erste von vier in der Einleitung genannten Punkten. Für den Psychologen würde hiermit freilich erst eine Aufgabe bezeichnet sein. Das eigentümliche Unvermögen zum Frieden, das ich krank genannt habe, müßte in seiner Struktur und seinem Werdegang analysiert werden. Wie ich schon einmal sagte, müßte insbesondere auch die Rolle der Angst in diesem Zusammenhang verfolgt werden. All dies vermag ich nicht zu leisten. Ich wende mich statt dessen noch kürzer den drei weiteren Punkten, d. h. der Praxis unseres Umgangs mit der Friedlosigkeit, zu.

Als Zweites hatte ich dort gesagt, es sei ein sinnvolles Ziel, die Friedlosigkeit zu überwinden. Wir haben uns nicht mit ihr abzufinden. Das ist jetzt fast selbstverständlich. Nur: wie macht man das?

Als Drittes sagte ich, man dürfe Friedlosigkeit von außen her weder als Dummheit noch als Bosheit ansprechen; sie sei weder durch Belehrung noch durch Verdammung zu überwinden, sondern bedürfe der Heilung. Dies scheint mir nun über die Maßen wichtig.

Wir können viel aus dem Verlauf rein persönlicher Streitigkeiten lernen. Wenn zwei miteinander verzankt sind, so sieht meist jeder der beiden mit dem scharfen Auge der Feindschaft den bösen Willen und die törichte Borniertheit des anderen. Er selbst hält sich für friedensbereit und darum zur Strafpredigt oder üblen Nachrede legitimiert. Und warum sieht er Bosheit und Torheit so scharf? Weil er nach außen projiziert, was in ihm selber ist. Er sieht sich im Spiegel des anderen, aber Bedingung der Fortdauer dieses Zustandes ist, daß er den anderen nicht als Spiegel erkennt. Es gibt die schöne alte jüdische Geschichte der zwei Feinde, die einander am Versöhnungstag begegneten. An diesem Tag soll jeder seinem Feind vergeben, was dieser ihm angetan hat. Der eine von ihnen faßte sich ein Herz, ging auf den anderen zu und sagte: „Ich wünsch dir alles, was du mir wünschst." Darauf der andere: „Fängst du schon wieder an?"

Einer der seelischen Mechanismen, um innerhalb einer Gruppe von Menschen den Frieden zu bewahren, ist die Weiterprojektion der Aggression auf andere Gruppen. Hier wie in privaten Streitigkeiten sieht man sehr scharf und oft zutreffend Bosheit und Torheit der anderen Gruppe. Wie genau weiß die westliche Welt, daß der Kommunismus den Unfrieden braucht und schürt! Wie genau sehen die Kommunisten die Friedensgefährdung durch Kapitalinteressen! Koexistenzbereitschaft hat meist die Formel: „Ich wünsch dir alles, was du mir wünschst" und ein Konferenzabbruch die Formel: „Fängst du schon wieder an?"

Aber der Intellektuelle, der klug oder zornig diese Struktur in unserer friedlosen Welt entlarvt, schafft damit die Friedlosigkeit nicht aus der Welt. Die Entlarvung des Selbstwiderspruchs und der Ideologie, der bewußten und der noch häufigeren und gefährlicheren unbewußten Lüge ist eine der wichtigen Rollen, die in der modernen Gesellschaft gespielt werden müssen. Aber wer zum erstenmal, wahrheitsgemäß, sagte: „Sie sagen Christus und meinen Kattun", der hatte selbst das geschärfte Auge des Hasses und entging nicht dem seelischen Gesetz, daß Haß Haß erzeugt. Es gibt verschiedene seelische Flammen, die sich am leichtesten an der gleichartigen Flamme entzünden: Liebe an Liebe, Haß an Haß, Friede am Frieden, Wahrheit an der Wahrheit. Das schnellste Geschoß der Seele ist wohl der Haß, die Aggression, und darum am geeignetsten, um in alte Mauern Breschen zu schlagen. Er kann siegen, aber nicht versöhnen, und so ruft er den neuen Gegner wach, der ihn seinerseits besiegen wird.

Daß wir die Friedlosigkeit von außen nicht als Bosheit oder Torheit ansprechen sollen, beruht aber nicht nur darauf, daß dies selbst so oft in törichter Bosheit getan wird. Es entspricht vielmehr auch nicht der Struktur dieser Krankheit als Krankheit; der Vorwurf der Bosheit oder Torheit gegen den Friedlosen ist, von außen erhoben, nicht wahr. Das zwingende moralische Urteil wendet sich an Gesunde. Sie sollen, denn sie können. Das Wesen der Krankheit ist eben, daß der Kranke nicht kann, auch wenn er will. Manche seelische Krankheiten mag man auch so beschreiben, daß der Kranke nicht wollen kann. Am Nichtkönnen prallt der moralische Appell ab, sei es, daß er gar nicht verstanden oder abgelehnt wird, sei es, daß der aufrichtige Versuch, ihm zu folgen, aus innerem Zwang scheitert. Es ist die Erfahrung der Psychoanalyse, daß solcher Zwang manchmal durch eine vom Kranken selbst gefundene Einsicht gehoben werden kann, eine Einsicht, die etwa einem alten traumatischen Erlebnis als dem Urheber des Zwangs auf die Spur kommt. C. G. Jung gebraucht für einen wichtigen Prozeß in der Seelenheilung den Ausdruck „Integration des Schattens". Das Dunkle in uns ist Teil von uns. Verwerfen wir es durch ein bewußtes Moralsystem, so entweicht es ins Unbewußte, und auf unbegreifliche Weise finden wir uns, oft gerade in einem entscheidenden Moment, als Sünder gegen unsere eigenen Überzeugungen vor. Frieden mit uns selbst finden wir allenfalls, wenn es uns gelingt, den Schatten in uns anzunehmen; wenn wir zu sagen vermögen: „auch das bin ich", „auch das habe ich gewollt". Dies ist bei weitem keine Ausflucht aus dem Ernst der moralischen Forderung, im Gegenteil, es ist eine vorher nicht gelungene Weise, sie ernst zu nehmen. Jetzt kann der Kranke das von sich aus sagen, was ihm kein anderer, auch nicht der Arzt, glaubwürdig sagen konnte; er kann jetzt sagen: „ich war böse", „ich bin böse", „ein Tor bin ich". Vorher wußte er wohl, daß er die Norm verletzte; jetzt beginnt er zu sehen, warum er sie verletzen wollte. Und in geheimnisvoller Weise wächst an dieser Stelle oft zum erstenmal ein eigentliches Verständnis für die Wahrheit der Norm.

All dies sind nicht nur Erfahrungen eines spezialisierten Zweigs der Seelenheilkunde. Jedem Seelsorger, jedem Erzieher begegnen diese Erfahrungen; wenn er dafür wach geworden ist, sieht er sie auf Schritt und Tritt. Wie sollen wir Kranken helfen, solange wir nicht das Kranke in uns selbst erkannt und gelernt haben, die anderen und uns selbst als Kranke anzunehmen? Luthers Theologie der Rechtfertigung ist in einer Sprache ausgedrückt, welche die meisten heutigen Menschen nicht mehr verstehen, aber sie kreist um dieselben Themen. Das Gesetz ist uns gegeben, damit wir daran scheitern. Kein Mensch wird durch gute Werke selig, denn der entscheidende Schritt ist die Entdeckung, daß er das Gute, das er will, nicht kann. Gerechtfertigt, also eines inneren Friedens fähig, werden wir nicht durch unser

Verdienst, sondern weil wir geliebt sind und weil wir darum Gott und in Gott die Menschen lieben dürfen. Ich verfolge diese Linie heute nicht weiter, denn ich weiß wohl, wie viele Abgründe auszuloten wären, um die Theologie der Rechtfertigung und die Tiefenpsychologie ins wirkliche Gespräch miteinander zu bringen; übergehen durfte ich, so scheint mir, diesen Punkt nicht.

Wer kann aber der friedensbedürftigen Menschheit diese Heilung bringen? Wenn das Übel so tiefe Wurzeln hat, ist unsere Lage dann nicht hoffnungslos?

Sie ist wohl, wenngleich in zugespitzter Form, so hoffnungsvoll oder hoffnungslos, wie es die Lage des Menschen immer war. Niemand kann sagen: ich werde das leisten. Unsere letzte Zuflucht ist die Hoffnung auf Gott, ist das Gebet. Aber es läßt sich sagen, in welcher Richtung unsere Anstrengung zu gehen hat.

Nur die Kraft des Friedens erzeugt den Frieden. Jeder von uns hat sich selbst zurechtzuschaffen. Dies geschieht nicht in der Introversion, sondern in der praktischen Arbeit am Frieden in derjenigen Umwelt, die er zu erreichen vermag. Die praktische Entschlossenheit freilich schließt die Bereitschaft zur meditativen Selbstprüfung nicht aus, sondern ein.

Nächst uns selbst sind es die uns zur Erziehung Anvertrauten, denen wir zur Friedfertigkeit helfen sollen. Von der Erziehung zum Frieden wird morgen Georg Picht hier sprechen. Ich sage darum hierüber nichts weiter, als daß der Erzieher erzogen sein sollte. Insbesondere sollte er die Zusammenhänge wissen oder ahnen, von denen hier die Rede war. Ich darf vielleicht dafür noch auf einen soeben leicht zugänglichen Aufsatz hinweisen: Jutta v. Graevenitz, Persönliche Voraussetzungen der Friedfertigkeit, in der Schrift „Streit um den Frieden", herausgegeben von W. Beck und R. Schmid, Mainz und München 1967.

Die Erziehungsarbeit im engeren Sinne geht über in die erzieherische Wirkung eines großen politischen Einsatzes. Hier komme ich nun auf den vierten und letzten Punkt der Einleitung: Heilung der Friedlosigkeit verlangt einen Rahmen, der die Fürsorge für die Ungeheilten mitumfaßt.

Lassen sie mich diesen Gedanken zuerst in dem engeren medizinischen Bereich erläutern, dem die Sprechweise, die ich gewählt habe, entstammt. Bethel ist das große Beispiel. Bethel ist der

Herkunft nach und weitgehend auch heute nicht eine Heil-, sondern eine Fürsorgeanstalt. Die Humanisierung der Fürsorge für die bisher Unheilbaren war einer der großen und späten Schritte der neuzeitlichen Medizin. Wenn irgendwo, so war hier der christliche Impuls nötig, im hoffnungslosen Fall, dessen Rückführung in die sogenannte gesunde Gesellschaft wir als unmöglich ansehen müssen, den Bruder zu sehen, der der Gemeinschaft wert und fähig ist. Es geht hier nicht ohne ein gewisses Maß von Entmündigung, von Macht von Menschen über Menschen. Aber wieviel hier noch geholfen werden kann, wenn man den Kranken als Menschen ernst nimmt, ihm Partnerschaft, ein Stück Selbstverwaltung und sinnvolle, für ihn mögliche Arbeit gibt, das ist die große, auch medizinisch relevante Entdeckung des Vaters Bodelschwingh und seiner Helfer und Nachfolger gewesen.

Ich sage das nicht nur, um dem genius loci zu huldigen, sondern um einer vielleicht gewagten Parallele willen. Bitte halten Sie sie nicht nur für pervers oder lächerlich. Die großen politischen Institutionen sind in gewisser Weise die Fürsorgeanstalten der noch ungeheilten Friedlosigkeit. Wo Friedfertigkeit waltet, entfalten sich Ordnungen menschlichen Zusammenlebens, die nur eines Minimums an Gewalt bedürfen. Auch in ihnen sind, zumal in der modernen technischen Gesellschaft, funktionale Regelungen nötig. Aber sie sind im Prinzip zu unterscheiden von Machtausübung, die einen widerstrebenden Willen zwingt oder gar einen eigenen Willen der Beherrschten nicht erwachen läßt. Diese Macht wird sich freilich heute besonders gern der funktionalen Regelungen als ihrer Hilfsmittel bedienen; Technokratie ist eine moderne Form der Macht. Wo nun Friedlosigkeit das menschliche Handeln bestimmt, erweist sich immer wieder Macht als unerläßlich, um das lebensnotwendige Minimum an Ordnung zu garantieren. Die Träger der Macht sind oft genug friedlose Menschen; ihre Rechtfertigung ziehen sie aus der manifesten Notwendigkeit, das Chaos der ungezügelten Konflikte zu vermeiden.

Angesichts der Realität der Macht stehen wir vor einer doppelten Aufgabe. Im tiefsten Grunde kommt es darauf an, die Friedlosigkeit zu heilen und damit die Macht überflüssig zu machen.

Das ist, in der Sprache der Christen gesprochen, im strengen Sinn die eschatologische Hoffnung. Das heißt in der apokalyptischen Symbolik: ein neuer Himmel und eine neue Erde. Ich habe so naturwissenschaftlich gesprochen, um zu zeigen, daß diese Hoffnung nicht jenseits der Welt, sondern in der Geschichte der menschlichen Spezies ihren sinnvollen Ort hat. Man kann mit gutem Recht einen Begriff vom Menschen, eine Norm seiner Gesundheit aufstellen, wonach nur der von der Friedlosigkeit geheilte Mensch gesund ist. Im Zusammenleben mit unseren Mitmenschen erweist sich immer wieder dies als die einzige Norm, die letztlich tragfähig ist. Andererseits ist es Schwärmertum, zu meinen, wir müßten die unerlöste Welt, in der die Friedlosigkeit weiterhin waltet, sich selbst überlassen, denn wir überlassen sie dann ihrer und unserer Katastrophe. Fürsorge für die Ungeheilten heißt hier: Errichtung von Recht, wo die Liebe nicht durchdringt; Kanalisierung der Konflikte, die zu vermeiden wir nicht vermochten; Schaffung einer Friedensordnung auf der Basis einer soweit als möglich humanisierten Macht, da die Abschaffung der Macht nicht in unserer Macht steht. Es ist dieselbe Kraft der Friedfertigkeit, oder um den anderen Ausdruck zu gebrauchen, der Nächstenliebe, welche in glücklichen Fällen die Heilung, in weniger glücklichen die Fürsorge ermöglicht. Das sollte der wunderliche Vergleich der Betheler Anstalten mit den großen politischen Institutionen sagen.

Ich möchte dies nun zum Schluß in der pragmatischen Sprache der Politik sagen. Die Politik muß im Durchschnitt der Fälle die Konflikte der Menschen hinnehmen, ohne sie aufzulösen. Was wir unsere Interessen nennen, suchen wir in der Politik durchzusetzen oder auszugleichen; zum Verschwinden bringen können und wollen wir sie als Politiker nicht. Wer selbst politisch handelt, vertritt stets gewisse Interessen. Ganz gewiß muß er sein eigenes Interesse insofern im Auge haben, als er seine eigenen Möglichkeiten der Wirkung nicht zerstören lassen darf. Er vertritt aber zugleich die Interessen der Gruppe, ohne die er nicht wirken könnte; er vertritt Interessen seines Standes, seiner Partei, seiner Nation. Welche Kriterien gibt es im politischen Denken einer Zeit für den Ausgleich dieser Interessen? Es ist nicht lange her, daß in unseren Ländern als das oberste Prinzip das Interesse

der Nation galt. Darin lag ein bestimmtes Ethos: alle Partikularinteressen sind dem Interesse des Ganzen, dem man angehört,
unterzuordnen. Das ist ein Begriff vom Frieden: innerhalb der
Nation dürfen die Konflikte nicht weiter getrieben werden als
bis zu dem Punkt, an dem sie das Interesse der Nation selbst
gefährden würden. Die Aggression der Angehörigen des gleichen
Volkes gegeneinander wird dadurch nicht aufgehoben, aber sie
wird einer Rechtsordnung unterworfen, die an einem höheren,
allen gemeinsamen Interesse orientiert ist.

Für die heutigen Menschen unseres Erdteils, zumal für die Jungen
unter ihnen, hat dieser absolute Primat des nationalen Interesses
die Überzeugungskraft verloren. Wir empfinden das Ganze, das
den Einzelinteressen vorgeordnet sein soll, als zu klein, eigentlich als kein wahres Ganzoo, und eben darum empfinden viele
von uns seinen Anspruch an uns als zu groß. Die vielbeklagte
Anteillosigkeit der einzelnen am Wohl des Ganzen ist nicht nur
nackter Egoismus; sie ist auch ermöglicht durch eine begreifliche
Skepsis an den überlieferten obersten politischen Wertkriterien.
Welche Kriterien aber sind heute glaubwürdig? Für viele ist es
die Freiheit oder die soziale Gleichberechtigung. Gegen den
falschen Frieden und die falsche Freiheit, nämlich den bloß
formalen Charakter des Friedens und der Freiheit in einer Gesellschaft, die in Wahrheit vor allem die Interessen der herrschen-
den Gruppen schützt, empört sich gerade heute der für unsere
Zukunft wichtigste Teil der studentischen Jugend. Aber auch
diese Empörung macht sich nicht leicht verständlich; es fällt ihr
schwer, an Kriterien zu appellieren, die allen Gliedern der Gesellschaft gemeinsam waren.

Nur ein Kriterium politischer Handlungen und Interessen sehe
ich heute, das niemand manifest anzufechten wagen darf: die
Bewahrung des Weltfriedens. Das war vor 1945 noch nicht so.
Hier bedeutet Hiroshima den Angelpunkt einer langsam sich
drehenden Tür der Weltgeschichte. Gewiß sagt man auch heute
noch, daß es nationale Interessen gibt, deren Schutz den großen
Krieg rechtfertigen würde. Aber niemand vermag mehr im Ernst
zu behaupten, daß der Krieg diese Interessen wirklich schützen
würde. Die überlieferte Reaktionsweise sucht viele Auswege:
Man droht nicht mit der Verteidigung, sondern sucht abzu-

schrecken mit der Drohung des Untergangs; man sucht Formen begrenzten Kriegs; man verwendet sehr viel propagandistische Kraft darauf, die eigene Seite als völlig friedfertig und nur die Gegenseite als kriegerisch darzustellen. All dies bestätigt nur, daß die Bewahrung des Weltfriedens zum im Grunde allgemein anerkannten Kriterium der Politik geworden ist. Sowenig das nationale Interesse einst als Kriterium ausreichte, um Handlungen zu verhindern, die faktisch der Nation schadeten, so wenig eliminiert der Weltfriede als Kriterium schon die Gefahr des Weltkriegs, ganz zu schweigen von den aktuell stattfindenden lokalisierten Kriegen. Und doch ist hier ein Kriterium, an das man appellieren kann, ein möglicher konstruktiver Mittelpunkt politischer Zukunftsentwürfe. Die Menschheit selbst als das einzige Ganze, das groß genug ist, um seine Interessen den Partikularinteressen vorzuordnen, beginnt infolge der technischen Gefahren und Möglichkeiten eine politische Realität zu werden.

Ganz gewiß ist das Interesse der Menschheit und die Bewahrung des Weltfriedens kein *hinreichendes* Kriterium für politisches Handeln. Im Namen dieses Interesses ließe sich auch eine beispiellose Tyrannis errichten. Heilung der Friedlosigkeit sieht anders aus als dieses Interesse. Es ist aber ein *notwendiges* Kriterium. Die Fürsorge für die ungeheilte Friedlosigkeit, d. h. die Arbeit der politischen Institutionen, ist nicht Fürsorge, wenn sie diese Forderung verletzt. Das ist ein zukunftsträchtiges politisches Prinzip.

ÜBER DIE KUNST DER PROGNOSE*

Herr Bundeskanzler, meine Damen und Herren!

Über Kunst der Prognose möchte ich heute sprechen. Prognose nennen wir den Versuch, uns von den zukünftigen Ereignissen ein Bild zu machen. Wenn ich die Prognose eine Kunst nenne, so meine ich das etwa in dem Sinn, in dem man sagt, daß das Schneiderhandwerk eine Kunst ist oder daß das Reiten eine Kunst ist oder vielleicht wie Bismarck von der Politik als der Kunst des Möglichen gesprochen hat. Über Kunst soll man nun nicht zu viel reden, sondern man soll sie üben. Ich möchte deshalb heute versuchen, gemeinsam mit Ihnen einige der großen prognostischen Probleme unserer Zeit zu durchdenken. Ich werde mit Ihnen versuchen, an einigen Beispielen — denn mehr ist nicht möglich — durchzuüberlegen, welches Bild wir uns von unserer Zukunft machen können. Ich mache zuerst eine methodische Vorbemerkung und behandle dann acht Themen der Reihe nach. Jedes Thema könnte, wie ich vorweg sagen muß, leicht einen ganzen Vortrag ausfüllen. Es liegt mir aber heute mehr an dem Zusammenhang dieser Themen als daran, in einem von ihnen zu sehr ins einzelne zu gehen.

Zunächst also die methodische Vorbemerkung. Vielleicht darf ich einen Vortrag über ernste Sachen in einem etwas leichten Ton eröffnen. Wer war eigentlich der erste Prognostiker? Den findet man natürlich nicht. Immerhin, am Anfang unserer philo-

---

* Vortrag, gehalten in Wiesbaden im Mai 1968 auf der Jahrestagung des Stifterverbandes für die deutsche Wissenschaft. Der Vortrag wurde frei gehalten, und der vorliegende Text ist eine nur unwesentlich redigierte wörtliche Nachschrift. Es schien mir richtig, die spontane Form der freien Rede nicht nachträglich in die eines für den Druck geschriebenen Aufsatzes zu verwandeln.

sophischen und wissenschaftlichen Geschichte im Abendland pflegt man den halblegendären Thales von Milet zu nennen, und in der Tat war er ein Prognostiker. Er hat nämlich eine Sonnenfinsternis prophezeit, und sie ist auch eingetreten, denn sonst wäre das nicht überliefert. Das war die Sonnenfinsternis von 585 v. Chr. an einem Tag, an dem eine Schlacht zwischen den Medern und den Lydern stattfand. Ich möchte übrigens annehmen, daß Thales wohl Zugang zu babylonischen Planetentafeln gehabt hat, er war sicher nicht der erste, der den Gang der Sterne vorhergesagt hat. Aber er ist in unserer Tradition nun also als ein erster genannt, und ich kann an seinem Beispiel schon allerhand erläutern. Ich fange aber zunächst damit an, daß ich noch zwei weitere Anekdoten über Thales erzähle, die ebenfalls zum Problem der Prognose gehören. Das sind spätantike Geschichten, für deren Wahrheit kaum garantiert werden kann.

Thales ging, so heißt es, und beobachtete den Himmel, und da fiel er in eine Zisterne. Da sagte eine Magd: „Ja, Thales, was am Himmel ist, siehst du wohl, aber was vor deinen Füßen ist, siehst du nicht." Das ist wohl eines der Hauptprobleme für jeden, der Prognose zu üben sucht, er konzentriert sich auf das, was er herausbringen möchte, und es geschieht etwas vollkommen anderes, worauf er nicht geachtet hat. Thales hat immerhin, wenn eine andere Anekdote wahr ist, sich für den Vorwurf revanchiert. Er kaufte, so heißt es, eines Tages die Ölpressen seiner Stadt auf — er muß ein wohlhabender Mann gewesen sein —, und es stellte sich heraus, daß der nächste Sommer eine besonders reiche Ölernte brachte, die er ebenfalls vorausgesehen hatte. Es scheint also, daß schon damals in der Handelsstadt Milet die Möglichkeit wirtschaftlicher Prognose gleichzeitig zu wirtschaftlichem Wohlstand führen konnte.

Das also wären ein paar Beispiele, die wir im Grunde nur zu variieren brauchen, um alle Fragen, die wir heute vor uns haben, aufnehmen zu können. Wenn ich mich frage, was von diesen Anekdoten glaubwürdig ist, so muß ich leider sagen, daß die Sonnenfinsternis allerdings ganz sicher glaubwürdig ist, wir können heute noch ausrechnen, wie wir vielleicht sagen können epignostizieren, an welchem Tag und zu welcher Minute sie stattgefunden hat, so wie wir auch auf zweitausend Jahre voraus Sonnenfinsternisse berechnen können. Ob die Geschichte mit dem Öl richtig ist, ist mir nicht so sicher, denn das Wetter so bestimmt vorherzusagen, daß man darauf eine solche Spekulation gründen kann, ist ja heute noch sehr schwer, wieviel schwerer muß es damals gewesen sein. Ich sage das auch, um eine weitere Verflechtung in der Kunst der Prognose deutlich zu machen. Wenden wir die Unvorhersagbarkeit des Wetters auf die Sonnenfinsternis an, so werden wir sagen können, Thales wußte so sicher, wie man etwas wissen kann, daß eine Sonnenfinsternis eintreten würde; ob man die Sonne aber an diesem Tag würde beobachten können, indem sie sich langsam verfinsterte, das wußte er nicht, denn das hing davon ab, ob Wolken da waren. Das Wetter ist ein anderes Naturphänomen, das aus irgendwelchen geheimnisvollen Gründen komplizierter ist als der Gang der Sterne am Himmel, und das können wir uns nicht aussuchen, das bietet uns die Wirklichkeit; das eine läßt sich vorhersagen, das andere nicht oder nur schwer. Sehr viele scheiternde Prognosen haben den Charakter, daß etwas Richtiges zugrunde gelegt ist und ein Nebeneffekt nicht berücksichtigt ist, und vielleicht nicht hinreichend berücksichtigt werden konnte?

Die Frage ist nun, wie steht es mit den Prognosen, die für uns, für unser Leben, wichtig sind? Wie steht es etwa, um auch Tocqueville zu zitieren, mit der Prognose, die er am Anfang des 19. Jahrhunderts gemacht hat, über das künftige Übergewicht der Vereinigten Staaten von Amerika und von Rußland? Sie ist eingetreten. Ist sie aber eingetreten, weil er Glück hatte oder ist sie eingetreten, weil er etwas wußte, was unvermeidlich zu dieser Konsequenz führen mußte? Das wird niemand von uns entscheiden können. Man wird aber immerhin sagen können, daß selbst, wenn diese Prognose sich nicht erfüllt hätte, dahinter ein Gedanke steckte, den jeder politische Prognostiker ernst nehmen mußte. Schon allein die geographische und historische Position dieser Länder prädestinierte sie zu einem Wachstum einer soliden Macht in einer Situation, in der die europäischen Länder, die damals die führenden der Welt erschienen, es sehr viel schwerer hatten, ein entsprechendes Wachstum zu vollziehen. Wenn also eine derartige Prognose mit der richtigen Vorsicht ausgesprochen wird als ein Gesichtspunkt und nicht als eine Gewißheit, so ist sie etwas, was man unerläßlich wissen muß. Wenn allerdings eine solche Prognose so ausgesprochen wird als könne es nicht anders sein, so wird oft genug etwas vollkommen Unerwartetes geschehen, was sie umwirft.

Wenn wir nun also Prognose systematisch treiben wollen, so scheue ich aus diesem Grunde und einigen anderen etwas tiefer-liegenden methodologischen Gründen davor zurück, ein Wort wie „Wissenschaft von der Zukunft" zu gebrauchen. In der Astronomie, in der Physik, wo unsere Prognosen zum Teil so außerordentlich gewiß sind, beruht diese Gewißheit auf der Kenntnis von Naturgesetzen. Wovon wir Wissenschaft haben, das ist nicht die Zukunft, das ist auch nicht die Vergangenheit, sondern das sind die Gesetze, die sich nicht ändern, etwa die Gesetze der Planetenbewegung. Kennen wir den gegenwärtigen Zustand eines physikalischen Systems, kennen wir die allge-meinen Gesetze, denen es unterliegt, und können wir die Be-wegungsgleichungen integrieren, dann können wir über die Zu-kunft eine zuverlässige Prognose machen. In diesem Sinne aber ist Wissenschaft eigentlich Wissenschaft von Gesetzen und nicht primär Wissenschaft von bestimmten Zeiten. Gleichwohl hat die Zukunft ihre ganz eigenen Gesetzmäßigkeiten und Eigen-tümlichkeiten, die man nicht beiseite lassen soll, aber eine der wichtigsten davon ist eben ihre Offenheit und Ungewißheit. Aus diesem Grunde scheue ich, wie ich sagte, zurück vor dem Wort „Wissenschaft von der Zukunft" und ziehe „Kunst der Progno-se" vor. Methodisch gehen wir in einer solid fundierten Wissen-schaft wie der Physik etwa so vor, daß wir versuchen, breite empirische Kenntnisse zu gewinnen, daß wir versuchen, Modelle zu entwerfen, die diese empirischen Kenntnisse darstellen, daß wir diese Modelle an neuer Erfahrung prüfen und auf Grund neuer Erfahrung im allgemeinen verwerfen oder doch modi-fizieren. Eine Formel wie: „Wir rechnen die Konsequenzen der Modelle durch, um herauszubringen, inwiefern sie falsch sind", deckt sehr weitgehend das Verfahren der Wissenschaft. Die Mo-delle werden aber doch, indem sie auf diese Art verbessert wer-den, wenn wir die notwendige Selbstkritik ständig anwenden, dazu beitragen können, daß wir eine gewisse prognostische Fähig-keit erwerben. Das Problem ist nur, wie sich das darstellt in den

Gebieten, in denen das Durchrechnen der Bewegungsgleichungen unmöglich ist.

Wie ist das also im Bereich des menschlichen Zusammenlebens, wie ist es im gesellschaftlichen Bereich, im wirtschaftlichen Bereich, wo wohl Modelle noch entworfen werden können, aber die Faktoren in Wirklichkeit zu kompliziert sind? Denken wir uns einen Computer aus, der dergleichen durchrechnen könnte, so scheint es, daß doch bisher keiner der Computer, die wir haben entwerfen können, das menschliche Gehirn erreicht in seiner Fähigkeit, auch Unvorhergesehenes noch mit einzubeziehen. Die Computer sind Organe, verlängerte Organe, wobei das Wort Organ ja Werkzeug heißt, sie sind aber nicht Subjekte, jedenfalls bisher nicht, und ich sehe auch nicht, daß sie es so leicht werden können. Das Subjekt auszuschalten, als den eigentlichen Träger der wissenschaftlichen Entscheidung, etwa auch der prognostischen Entscheidung, scheint mir hier unmöglich, dieses Subjekt aber wird die Organe zweckmäßig anzuwenden wünschen. Ich würde, in Variation des Wortes von der Kunst des Möglichen, vielleicht sagen, daß Prognostik Kunst des Wahrscheinlichen ist; daß Prognostik die Kunst ist, Wahrscheinlichstes anzugeben, den Grad der Wahrscheinlichkeit abzuschätzen und geduldig zu warten, ob man richtig prognostiziert hat oder nicht und auf Grund des Resultats die Wahrscheinlichkeiten das nächstemal schärfer zu bestimmen. Deshalb muß methodisch jede prognostische Arbeit in besonderem Maß der gegenseitigen Kontrolle unterworfen werden, und eine der Bedingungen der gegenseitigen Kontrolle in der Wissenschaft ist die Vielzahl unabhängig Arbeitender. So wichtig große Institute sind, so wichtig ist auf der anderen Seite die Möglichkeit, daß verschiedene Institute einander ergänzen. Dies ist auch ein Beitrag zur Thematik des Stiftungswesens. Eine gewisse Vielzahl der Institutionen ist unerläßlich und dazu gehört als eine selbstverständliche Konsequenz insbesondere auch die Möglichkeit hinreichend breit fundierter privater Hilfe dafür.

Ich gehe nun zu den acht Punkten über, die ich angekündigt habe.

Erlauben Sie mir zunächst, acht Thesen einfach vorzulesen. Ich möchte vorweg sagen, daß ich mich vollkommen mißverstanden fühlen würde, wenn Sie diese Thesen als etwas betrachten würden, was ich mit dem Anspruch der Sicherheit behaupte. Sie sind nur in der Form der Behauptung aufgestellte Gesichtspunkte, unter denen ich im Rest des Vortrags die Phänomene analysieren möchte.

1. Die Kernenergie wird zur wichtigsten Energiequelle für die letzten Jahrzehnte unseres Jahrhunderts.

2. Diejenige Wirtschaft wird gedeihen, welche die Bewußtseinsstufe der Computertechnik erreicht.

3. Die Verwandlung der Gesellschaft durch Wissenschaft und Technik wird uns vor wachsende Probleme stellen.

4. Eine Hungerkatastrophe in den Entwicklungsländern ist für die kommenden zwei Jahrzehnte nahezu unvermeidlich.

5. Die Biologie wird die Welt nicht weniger tief verändern als die Physik.

6. Die stabilisierende Wirkung der Waffenentwicklung hat vielleicht ihr Optimum überschritten.

7. Jetzt kommt eine konditional formulierte These: Wenn Europa zu einer größeren Einheit zusammenfindet, wird es eine Rolle in der Welt spielen, die keine andere Macht oder Region ihm abnehmen kann.

8. Der Weltfriede bedarf einer politischen Sicherung. Diese liegt in einer heute noch unvorhersehbaren Zukunft. (Ich ende also mit einer Prognose über das Unprognostizierbare, mit der These, daß ich das nicht vorherzusagen weiß, wie der Weltfriede gesichert wird.)

Ich gehe nun ins einzelne.

In den beiden ersten Thesen spreche ich über Energie und über Information. Als Physiker würde ich sagen: Die heutige Physik legt uns nahe, drei Grundwesenheiten zu unterscheiden, die in der Physik zusammenwirken, die wir etwa nennen: Materie, Energie, Information. Philosophisch möchte ich zu der Annahme neigen, daß sich die drei letzten Endes auf eine Wurzel zurückführbar erweisen werden, die mit dem Namen Information noch am deutlichsten bezeichnet ist, aber diese Frage muß ich hier beiseite lassen. Ein großer Teil der technischen Entwicklung der

Menschheit seit Jahrtausenden hat der Formung der Materie gedient, den Materialien. Seit dem 19. Jahrhundert ist die Energietechnik zu der vielleicht wichtigsten einzelnen Form der Technik geworden, und die Informationstechnik beginnt jetzt diese Rolle zu übernehmen. Von der Materietechnik spreche ich heute nicht und von der Energietechnik nur unter dem Aspekt der Kernenergie.

Vom Aspekt der Kernenergie darf ich vielleicht deshalb reden, weil ich daran selbst beteiligt gewesen bin und die Schwierigkeiten des Prognostizierens in der Vergangenheit, die heute schon hinter uns liegt, noch einmal aufweisen kann. Als ich ein Schüler war, las ich in irgendeinem Jugendbuch eine Zukunftserzählung, in der die Gewinnung der Atomkernenergie das eigentliche Thema war. Das heißt, schon damals konnte man prognostizieren, daß dergleichen vielleicht geschehen würde. Die sichere Grundlage war das damals schon vorhandene Wissen, daß in den Atomkernen eine Energie gespeichert ist, die in der Größenordnung des Millionenfachen derjenigen Energie liegt, die die Atomhüllen liefern und die wir in den chemischen Umsetzungen freisetzen. Das ist ein Beispiel für die Kenntnis der Grundgesetze, von der ich vorher sprach. Es war aber ganz unbekannt, ob uns der Schritt dorthin technisch jemals möglich sein würde. Dies wurde etwa 200 Physikern auf der Welt klar nach der Hahnschen Entdeckung der Uranspaltung, die, wenn ich hier noch einmal eine kleine Verbeugung vor dem „genius loci" machen darf, in einem Institut gewonnen wurde, dessen Finanzierung damals überwiegend auf privater Basis erfolgte. Die Hahnsche Entdeckung zeigte uns, und wir haben das damals schon sehr früh durchgesprochen, daß einerseits eine Waffenentwicklung möglich sein würde, über die ich im Augenblick nicht rede (ich komme darauf zurück), und andererseits die friedliche Nutzung der Kernenergie; und es war uns klar, daß sie, wenn nicht die Nebeneffekte allzu teuer würden, die billigste Energiequelle werden müsse. 1945 konnte man sehr leicht als Physiker der Meinung sein, dieses Problem werde vielleicht in 10 Jahren gelöst sein. 10 Jahre nachher herrschte aber tiefer Pessimismus. Die Vorhersage der Termine ist wohl den wenigsten von den Physikern, wenn überhaupt irgendeinem, damals richtig geglückt.

Der Pessimismus der Mitte der 50er Jahre ist wiederum überwunden worden, und in den 60er Jahren hat sich zum erstenmal praktisch gezeigt, daß die Kernenergie die Bedingungen erfüllt, ohne die sie wirtschaftlich letzten Endes doch bedeutungslos bliebe, daß sie nämlich konkurrenzfähig wird. Inzwischen ist die Arbeit an diesen Dingen zu einem hochgeplanten Verfahren geworden. Wenn man heute etwa, sagen wir im Kernforschungszentrum Karlsruhe, sich ansieht, wie dort an den Projekten für schnelle Brüter gearbeitet wird, so kann man an einer Wand oder einer Tür eine Art Fahrplan angeschlagen finden, auf dem genau verzeichnet ist, in welchem Monat 1970 welche Untersuchung abgeschlossen sein muß, damit eine andere Untersuchung, die deren Resultat braucht, anlaufen kann. Das glückt natürlich nicht immer wie geplant, aber hier ist das eigentümliche Phänomen aufgetreten, daß bereits wissenschaftliche Ergebnisse, die noch nicht vorhanden sind, eingeplant werden müssen in den Fahrplan des Ganzen. Hier ist die Kunst der Prognose, nämlich der Prognose der wissenschaftlichen Ergebnisse selbst, auf eine sehr harte Probe gestellt. Es ist von eben derselben Stelle, von der ich spreche, vor ein paar Jahren eine Studie gemacht worden über die Entwicklung des Energiepreises unter dem Einfluß dieser Kernenergietechnik. Diese Studie wird sich ganz gewiß, wenn die Zeit, von der sie handelt, eingetreten ist, nicht quantitativ im einzelnen bestätigen, sie scheint mir aber hinreichend zu sein, um die hohe Wahrscheinlichkeit dafür zu zeigen, daß der Energiepreis der Kernenergie in den letzten Jahrzehnten unseres Jahrhunderts tief sinken wird, und darauf ist meine erste These begründet.

Daß dieses auch in politische Probleme einwirkt, haben wir beispielsweise daran gesehen, daß eben die Physiker, die an diesen Dingen arbeiteten, darauf aufmerksam gemacht haben, daß der Entwurf eines Atomwaffen-Nichtverbreitungs-Vertrages, der vor etwa 1½ Jahren vorgelegt wurde, Klauseln enthielt, die eine Gefährdung der wirtschaftlichen Entwicklung implizieren konnten. Man konnte darauf nur aufmerksam werden, wenn man über die Bedingungen dieser wirtschaftlichen Entwicklung hinreichend nachgedacht hatte. Auf der anderen Seite glaube ich, ich darf, da ich dieses Thema berührt habe, dazu sagen, daß die inzwischen, und zwar wesentlich mit unter dem Einfluß derer, die damals darüber nachgedacht haben, gewonnene Neuformulierung des Vertrags im Prinzip, wenn der Vertrag eine geeignete Auslegung findet, diese Bedenken wirklich beschwichtigt, daß von dieser Stelle her also nicht mehr Bedenken erhoben werden. Ich habe das als ein Beispiel für das Ineinanderwirken sehr verschiedener Faktoren genannt: des Physikalisch-Technischen, des Ökonomischen und hier bereits des Weltpolitischen.

Ich wende mich nun meinem zweiten Thema zu, dem Problem der Datenverarbeitung, der Computertechnik. Ich habe gesagt, diejenige Wirtschaft wird gedeihen, welche die Bewußtseinsstufe der Computertechnik erreicht. Das ist eine etwas abstrakte Ausdrucksweise. Ich möchte sie zunächst durch eine an einer ganz anderen Stelle liegende kleine Anekdote erläutern, die mit Wirtschaft überhaupt nichts zu tun hat. Ich habe vor kurzem gelernt, daß es jetzt ein Ehrenmitglied des Schachklubs von Massachusetts gibt, welches Ehrenmitglied software im Sinne der Computer ist, nämlich ein Computerprogramm, das Schach spielt und das gut genug spielt, um auch ziemlich starke Amateure zu schlagen. In der Wahl, ob ich diesen Vortrag vorbereiten oder die mir zugesandten Schachpartien nachspielen sollte, habe ich das erste gewählt, ich kann also noch nicht aus eigenem Urteil über die Qualität und die Spielstärke dieses Ehrenmitglieds urteilen, ich habe mir sagen lassen, sie sei gut. Nun, ich behaupte selbstverständlich, daß der Computer, der Schach spielt, gleichwohl kein Subjekt ist, gleichwohl nicht, wie wir sagen, denkt, aber daß er ein Organ ist, das so komplizierte Denkleistungen bereits mechanisiert hat oder zu simulieren vermag. Man kann daran ablesen, was es bedeutet, die Bewußtseinsstufe zu erreichen, die mit diesem Maß an Delegation von Denkarbeit an Apparate umzugehen vermag. Ich behaupte nun, ohne es zu beweisen, als schlichte Behauptung, aber nach längerer Beschäftigung mit dem Thema, daß die Weiterentwicklung moderner, hochindustrialisierter Gesellschaften wesentlich daran hängt, daß diese Bewußtseinsstufe in ihnen gleichsam allgegenwärtig ist. Dies ist nicht eine Einzelindustrie neben anderen, ein Wissenszweig neben anderen, sondern es ist eine Denkweise, die alle technischen, industriellen, wirtschaftlichen Strukturen umgestaltet. Dies führt zu schwerwiegenden praktischen Entscheidungen. Es scheint mir nicht ausreichend, daß die europäischen Länder ihre Computer aus Amerika beziehen. Die Präsenz dieser Bewußtseinsstufe verlangt, daß wir sie selbst auch zu produzieren vermögen. Aber den Entschluß dazu kann man nur sinnvoll fassen und fördern, wenn man weiß, daß die Ausgaben dafür heute in die Größenordnung der Milliardenbeträge pro Jahr, sei es in DM oder in Dollar gerechnet, eintreten. Der Entschluß, dergleichen wirklich zu betreiben, ist ein harter Entschluß, erscheint mir aber als ein unvermeidlicher. Ich möchte über die Datenverarbeitung an dieser Stelle nicht mehr sagen, aber es scheint mir, daß dieser Hinweis notwendig ist, und ich wäre bereit, ihn in sehr langen Diskussionen zu vertreten.

Ich komme nun zum dritten Punkt, indem ich noch einmal die These wiederhole, die ich sehr vage und allgemein formuliert habe: Die Verwandlung der Gesellschaft durch Wissenschaft und Technik wird uns vor wachsende Probleme stellen. Es ist vielleicht klar, wogegen ich mich damit wende. Ich wende mich gegen eine falsche Art des Optimismus; gegen die Meinung, deshalb, weil wir so unzweifelhafte große Fortschritte machen, die wir auch machen müssen und deren Förderung ich in meinen beiden ersten Punkten ja gerade betont habe, gingen wir ausgeglichenen glücklichen Zeiten entgegen. Die Entwicklung der Technik und der Wissenschaft bleibt wesentlich unvorhersehbar. Die Prognostik reicht niemals weit genug, alles, was geschehen wird, zu wissen. Sie reicht nicht einmal weit genug, alles Wichtige, was geschehen wird, zu wissen; sie reicht höchstens so weit, daß wir von dem, was geschehen wird, in einer Reihe wichtiger Fälle früher Kenntnis erhalten, als wenn wir abwarten, bis es geschieht. Die Entwicklung der Wissenschaft und Technik hat den Charakter des Wachstums. Man sieht das in der Verwandlung der Wirtschaftstheorie in den letzten Jahrzehnten, die von den klassischen Vorstellungen eines Wirtschaftsgleichgewichts dazu übergegangen ist, den Begriff des Wirtschaftswachstums in die Mitte zu stellen. Der Begriff der Wachstumsrate ist heute ein Gegenstand täglicher Diskussion. Man darf aber nicht annehmen, daß es, um einen geometrischen Ausdruck zu gebrauchen, ein „ähnliches" Wachstum eines so komplizierten Organismus, wie einer Wirtschaft oder einer Gesellschaft geben könne, „ähnlich" in dem Sinn, daß alle Teile gleichmäßig wachsen und dabei ihr Gleichgewicht erhalten bleibt. Wir bekommen vielmehr tiefgreifende Verschiebungen, z. B. die Ablösung von Muskelkraft durch Energietechnik, nunmehr auch die Ablösung von bestimmten menschlichen Intelligenzleistungen durch Computertechnik, wir bekommen dadurch völlig veränderte Ausbildungsprobleme, die Notwendigkeit, zu anderem auszubilden als bisher, wir bekommen damit z. B. das heute so sichtbare Phänomen der wachsenden Studentenzahlen, das vorhergesagt werden konnte und vorhergesagt worden ist und auf das wir gleichwohl nicht hinreichend vorbereitet waren. Wir bekommen, abgesehen von all diesen noch verhältnismäßig funktional beschreibbaren Verschiebungen des Gleichgewichts, die Frage, ob die allgemeinen Weisen der Steuerung der Phänomene, die Weisen der Regierung und Verwaltung von großen Körpern der neuentstehenden Situation noch angemessen sind. Persönlich bin ich darüber überhaupt nicht überrascht, daß im Augenblick über die ganze Welt, insbesondere die Welt der industrialisierten Länder, eine Welle großer Erregung geht. Ich habe diese Welle in dieser Form nicht vorhergesehen und nicht vorhergesagt, das kann ich nicht für mich in Anspruch nehmen, aber ich bin in keiner Weise über sie erstaunt. Sie ist die unvermeidliche Folge davon, daß wir in eine Entwicklung, die voll ist von derart unheimlichen Möglichkeiten der Verschiebungen, hineingegangen sind, ohne diese Verschiebungen vorher zu wissen und, wie man zugeben muß, weitgehend ohne vorher hinreichend darüber nachzudenken, daß sie eintreten werden.

Daß dadurch das bisherige System, die Welt zu verwalten, in den Augen derer, die in dieser Welt werden leben müssen, diskreditiert ist, ist nicht verblüffend. Es ist notwendig, das zu sehen. Es ist sinnlos, diese Reaktion abwerten zu wollen, indem man sagt, sie sei unverständig oder auch indem man meint, es handelt sich hier nur um radikale Minoritäten. Es handelt sich viel eher darum, warum eine radikale Minorität, die eine bestimmte, vielleicht sektiererische Ansicht hat, eine große Gefolgschaft finden kann. Sie findet sie, weil alle fühlen, daß im Bestehenden etwas nicht ausreicht. Das, worauf ich hier hinweisen möchte, ist, wenn ich mich richtig verstehe, etwas Tröstliches.

Ich möchte nämlich sagen: Das mußte man ja erwarten. Man hat es leider nicht erwartet, aber man mußte es ja erwarten, denn es handelt sich um die Probleme, die gar nicht ausbleiben können bei der Entwicklung, in der wir leben. Nicht nur die Strukturen der Verwaltung und der Herrschaft sind nicht adäquat. Vielmehr ist das reißende Tempo der technischen Entwicklung und Durchstrukturierung der Welt keineswegs von der Fähigkeit begleitet, eine Erfüllung des Lebens zu gewinnen oder auch nur zu erhalten, die dieser neustrukturierten Welt angemessen wäre. Es besteht das große Problem, das niemand von uns wegdiskutieren und niemand von uns schlicht lösen kann, das Problem der Spannung zwischen den Notwendigkeiten des technischen Apparats und der legitimen Forderung des Menschen nach Freiheit. Technik und Freiheit sind keineswegs natürliche Verbündete. Wir werden glücklich sein, wenn wir eines Tages erkennen werden, daß sie nicht notwendigerweise Gegner sind. Dies aber muß durchdiskutiert und ausprobiert werden. Formen dieses Ausprobierens werden jetzt gerade von neuem vorgeschlagen, getragen von der Leidenschaft, die nicht ausbleiben kann, wenn man weiß, wieviel bisher fehlt. Ich schlage hier keinerlei Lösung vor, außer daß ich im folgenden an Einzelproblemen zu erläutern versuche, was getan werden kann und muß.

Ich verlasse damit meinen dritten Punkt und gehe zum vierten über, einem speziellen, aber sehr wichtigen. Ich habe gesagt: Eine Hungerkatastrophe in den Entwicklungsländern ist für die kommenden zwei Jahrzehnte nahezu unvermeidlich — auch das eine Wahrscheinlichkeitsformulierung. Ich kann hier das unermeßliche Material, das zu dieser Frage schon existiert, nicht ausbreiten. Wer will, kann darüber viele Bände demoskopischer Untersuchungen und Vorhersagen studieren, also Vorhersagen über das Bevölkerungswachstum, Abschätzungen darüber, was an Entwicklungshilfe geleistet werden kann usw. Ich beziehe mich, da ich selbst in diesem Gebiet nicht Fachmann bin, insbesondere auf eine Studie, die eine Kommission von Fachleuten in der Vereinigung Deutscher Wissenschaftler verfaßt hat und soeben zum Druck gibt, in der diese Dinge so zusammengefaßt sind, daß ein Mensch, der nicht die Zeit hat, all dieses große Material zu lesen, sich daraus wird informieren können. Ich gebe nur ein paar Grundzüge der Struktur der Frage an und bitte um Entschuldigung, wenn ich vielleicht allzu Bekanntes wiederhole.

Das Problem entsteht daraus, daß auch hier ein bestimmtes Ungleichgewicht der wissenschaftlich-technischen Entwicklung eingetreten ist, und zwar eines, das niemand in dieser Weise vorhergesehen hat. In den Entwicklungsländern ist ein Zweig unserer Wissenschaft durchschlagend erfolgreich gewesen, das ist die Medizin. Nicht in dem Sinne, daß dort medizinisch nicht noch sehr viel zu tun wäre, aber in dem Sinne, daß die Sterberate, d. h. die Anzahl der Todesfälle pro Jahr, radikal zurückgegangen ist und weiter zurückgeht, ohne daß die Geburtenrate bisher sich dem angepaßt hätte, wie sie es in den hochindustrialisierten Ländern seit langem getan hat. Die Folge davon ist ein explosives Bevölkerungswachstum, eine Verdopplung der Anzahl der in solchen Ländern lebenden Menschen z. T. in 20 Jahren oder in 30 Jahren. Die Prognosen für die Bevölkerungszahl auf der Erde im Jahre 2000 schwanken zwischen etwa 5 Milliarden und etwa 7 Milliarden Menschen. Es ist übrigens kein Einwand, daß hier so verschiedene prognostische Zahlen genannt werden, sondern gerade das ist Wissenschaft: man nennt hier nicht nur eine mutmaßliche Zahl, man gibt auch mutmaßliche Fehlergrenzen an. Weniger als 5 Milliarden können es nach allem, was wir heute wissen, nicht sein, es sei denn, es träte eine Katastrophe ein, die wir nicht vorhersehen, eine riesige Seuche oder ein Weltkrieg, der das täte, was Kriege bisher fast nie getan haben, die Menschenzahlen wirklich ganz tief senken. Ein Krieg wäre, nach allem, was wir wissen, in gar keiner Weise eine Lösung dieses Problems, denn er würde die Quellen der Ernährung zerstören und die Hungernden übriglassen.

Die Frage ist, was zu tun ist. Ich will nicht alle Möglichkeiten durchnehmen. Letzten Endes gibt es nur eine Lösung, daß diese Länder lernen, ihre eigenen Menschen zu ernähren. Das bedeutet eine Modernisierung der Landwirtschaft. Das bedeutet wiederum vermutlich eine starke Änderung des sozialen Systems, damit die Landwirtschaft effektiv genug werden kann. Es bedeutet ein erhebliches Maß an Industrialisierung, nicht so sehr in den höchsten Stufen wie in den handwerksnahen Stufen der Industrie.

Es bedeutet eine Schaffung gewaltiger Infrastrukturen. Und es bedeutet die fast unlösbare Forderung, eine politische Ordnung herzustellen und aufrechtzuerhalten, die all dies ermöglicht. Wenn alle diese Bedingungen erfüllt werden, so wird die Hungerkatastrophe wahrscheinlich vermieden werden. Daß sie erfüllt werden, scheint mir unwahrscheinlich. Wir, die Industrienationen, ohne deren Mithilfe es nicht möglich ist, nehmen das Problem hinreichend ernst: es wird viel, wie man englisch sagt, lipservice getrieben, aber man tut bei weitem nicht genug. Und zweitens ist sehr ungewiß, ob die Menschen in jenen Ländern heute schon vorbereitet darauf sind, all das zu tun, was sie werden tun müssen, wenn sie die Aufgabe lösen sollen. Andererseits ist eine solche Hungerkatastrophe selbstverständlich auch für uns, wenn ich es sehr milde ausdrücken soll, ein stark destabilisierender Faktor. Wie wir die Gelassenheit und Ruhe des Lebens in unseren Ländern aufrechterhalten sollen, wenn das anderswo geschieht, ist mir nicht klar.

Ich komme zum fünften Punkt. Die Biologie wird die Welt nicht weniger tief verändern als die Physik. Ich will ihn kurz fassen. Während wir nämlich prognostische Arbeiten in bezug auf die Welternährung in hohem Maße besitzen, besitzen wir dasselbe für die Auswirkungen der Biologie nicht. Es gibt Mutmaßungen gescheiter Biologen, und es gibt die etwas übertriebenen Darstellungen, die man davon heute vielfach lesen kann, aber was ganz genau zu erwarten ist und was nicht, darüber gibt es keine mir bekannte hinreichend deutliche Darstellung; es ist auch eine sehr schwere Aufgabe. Es ist aber eine Aufgabe, der eine Reihe meiner biologischen Kollegen sich heute zuwendet, gerade unter den jüngeren, weil sie wissen, wie wichtig sie ist. Ich möchte aber nicht ins Blaue prognostizieren, sondern möchte nur sagen: Hier ist eine Aufgabe gestellt. Ich formuliere deshalb wiederum nur ein paar allgemeine strukturelle Sätze. Es scheint auf der Hand zu liegen, daß die Biologie wenn nicht die, dann doch eine der wenigen großen Wissenschaften der näheren Zukunft ist. Die Physik hat einen wichtigen Teil der Aufgabe erfüllt, sie hat einen großen Teil der Grundgesetze gefunden. Die Biologie wendet heute physikalisch-chemische Methoden an, um in die Strukturen des Lebendigen einzudringen, die sehr anders aussehen als die Strukturen dessen, was wir anorganische Materie nennen, die aber durch Anwendung physikalisch-chemischer Gesetzmäßigkeiten schrittweise deutlich gemacht werden. Wenn heute ein junger Mensch zu mir käme und sagte: „Ich möchte gerne eine Naturwissenschaft studieren und fühle mich dazu fähig; in welcher werde ich wahrscheinlich in den kommenden Jahrzehnten das Interessanteste erleben?", so würde ich sagen: „Ich weiß es nicht sicher, ich würde aber annehmen in der Biologie, vielleicht zunächst einmal in der Molekularbiologie." Diese Wissenschaft wird uns wiederum Macht in die Hand geben an Stellen, wo wir bisher das Geschehen dem Gang der Natur überlassen haben. Die Biologen sind vielleicht noch in der glücklichen Lage, sich von den Konsequenzen der Macht, die sie in die Hand der Menschen legen, nicht so überraschen lassen zu müssen wie die Physiker davon überrascht worden sind.

Ich komme jetzt zu den letzten drei Thesen, die in einem gewissen inneren Zusammenhang stehen, und spreche zuerst von dem, was in der 6. These angesprochen ist. Die stabilisierende Wirkung der Waffenentwicklung hat vielleicht ihr Optimum überschritten. Hier spreche ich von Waffenentwicklungen und von einer ihrer Rückwirkungen auf die Welt, nämlich die Stabilisierung des Weltfriedens. Ich sage, daß vielleicht (ich wage hier nicht zu sagen wahrscheinlich, aber eben vielleicht) diese Wirkung jetzt soweit gediehen ist, wie sie überhaupt gedeihen kann und daß die Möglichkeit besteht, daß sie wieder abnimmt. Blicken wir zurück auf die Zeit seit der Bombe von Hiroshima, so würde ich jedenfalls von mir bekennen, daß meine Mutmaßung über die Wahrscheinlichkeit eines baldigen Ausbrechens des dritten Weltkriegs von Jahr zu Jahr optimistischer geworden ist; daß ich also von Jahr zu Jahr mehr damit gerechnet habe, daß auch im kommenden Jahr kein Krieg ausbrechen werde. Wenn ich mich frage, woran das gelegen hat, so muß ich gestehen, es hat an der schrecklichen Tatsache der Bomben gelegen. Insbesondere durch die Wasserstoffbombe ist in die Welt ein weiterer Zuwachs an Angst vor den Wirkungen eines möglichen Kriegs und damit an Anstrengung, ihn zu vermeiden, hinzugekommen.

Es ist aber wichtig, zu sehen, daß das, was ich jetzt so schlicht formuliere, so einfach nicht ist. Man kann die politische Geschichte zwischen den Weltmächten in den vergangenen 23 Jahren, wenn ich noch einmal das Schachspiel zitieren darf, darstellen wie eine Schachpartie, die äußerlich gesehen als Positionsspiel mit Druck und Gegendruck verläuft, in der aber der gute Spieler alle die wilden Opferkombinationen nachrechnen kann, die beide Gegner sich überlegt und beide verworfen haben, weil keiner seinen hinreichenden Vorteil darin fand. Ähnlich scheint es mir hier zu liegen. Man muß die kriegerischen Möglichkeiten, die die Waffensysteme boten, im einzelnen durchdiskutieren, um zu sehen, wodurch wir davor geschützt worden sind, daß sie doch eine Versuchung darstellten, der vielleicht schließlich der eine oder andere Politiker nicht mehr hätte widerstehen können. Ich hebe hier nur einen Punkt hervor und zitiere damit die amerikanische strategische Theorie, die vor etwa 10 Jahren sich durchgesetzt hat, das ist die Theorie der second strike capability. Es ist die These, daß die Sicherheit jeder der beiden Weltmächte genau darauf beruht, daß die andere Weltmacht auch noch imstande ist, in einem zweiten Schlag die erste, wenn nicht tödlich, so doch außerordentlich schwer zu treffen. Denn das bedeutet, daß die Versuchung, den ersten Schlag zu führen, für keine der beiden Seiten besteht. Könnte ich mit dem ersten Schlag meinen Gegner vernichten, und könnte er mit dem ersten Schlag mich vernichten, so wäre die Situation extrem gefährlich: es bestünde eine „Prämie auf den ersten Schlag". Das prekäre Gleichgewicht des Schreckens hat man das damals genannt. Weiß ich aber, daß er nach meinem ersten Schlag noch eine Schlagkraft hat, mit der er mich auch vernichten kann, so weiß ich, daß er ruhig schläft. Er weiß, daß ich ihn nicht angreifen werde, denn das, was daraus folgt, werde ich mir selbst nicht antun. Und weil ich weiß, daß er ruhig schläft, kann auch ich ruhig schlafen. Es ist also ein komplizierter Zug der Waffentechnik, der dazu geführt hat, daß in den 60er Jahren das große Gleichgewicht zwischen den Weltmächten stabiler war als je zuvor. Auch hier habe ich wieder grob vereinfacht und bin mir dessen bewußt, aber ich wollte wenigstens diesen Zug herausarbeiten. Es ist nun keineswegs sicher, daß dieser Zug immer bleiben wird. Es ist ferner nicht klar, daß dieser Zug ausreicht, um den Weltfrieden zu schützen, da der große Schlagwechsel nicht das einzige ist, was geschehen kann; auch dies ein strategisch vieldiskutierter Sachverhalt. Genau dieselben Tatsachen, die dazu führen, daß der große Schlagwechsel sehr unwahrscheinlich geworden ist, führen auch dazu, daß die Drohung, einen solchen großen Schlag zu führen, fast keine Drohung mehr ist und fast niemanden von irgendeiner Aggressionshandlung abschrecken kann. So stellt sich das Problem der Verhinderung von Aggressionen in kleinerer Stufe losgelöst von den großen Waffen von neuem. Der vorhin von mir zitierte Atomsperrvertrag ist ja einer der Versuche, unvorhergesehenen Aggressionen von irgendwelchen Seiten her einen Riegel vorzuschieben, und ich würde sagen, ein sinnvoller. Auf der anderen Seite ist sehr klar, daß er allein das Problem des Weltfriedens keineswegs löst, zumal das Problem des Krieges heute sich ja immer stärker verschoben hat in der Richtung des fast unüberwindbaren Partisanenkampfs.

Fragen wir nun, wie die Weiterentwicklung in den großen Waffen verlaufen wird, so ist ja gegenwärtig eines der großen Themen die Entwicklung von antiballistischen Raketen (ABM). Die Russen haben dergleichen entwickelt, wenngleich im bisher relativ geringem Maße, die Amerikaner haben, nachdem McNamara lange dagegen Widerstand geleistet hatte, angekündigt, daß sie ein sogenanntes kleines System dieser Art einrichten wollen. Es soll stark genug sein, um aus China kommende Waffen abzufangen, während es gegen die sowjetischen Waffen unzureichend wäre. Auf beiden Seiten besteht mindestens der diskutierte Plan, zu einem großen System überzugehen. Dieses System hat darin sein Verführerisches, daß es rein defensiv aussieht. Was könnte besser sein, als feindlich anfliegende Waffen abzufangen und die Bevölkerung zu schützen? Es hat darin seine Gefahr, daß eben diese Verführung uns dahin bringt, seine destabilisierende Wirkung zu übersehen. In Wirklichkeit kann es bedeuten, daß die second strike capability aufhört. Die Möglichkeit könnte eintreten (wenngleich sie nicht gewiß ist), daß zwar der erste Schlag gerade noch durchdringt, der zweite, der notwendigerweise schwächer ist, aber nicht mehr durchdringt und damit die Versuchung, einen ersten Schlag zu führen, wiederhergestellt wird. Ich habe versucht, das in den letzten Monaten mit allen nur erreichbaren Kennern dieser Dinge durchzusprechen. Die herrschende Meinung scheint zu sein, daß das System dafür nicht effektiv genug werden wird: daneben wird aber die zweite Meinung immer wieder geäußert, daß es, wenn es effektiv genug wäre, dann eine positive Gefahr für den Weltfrieden darstellen würde. So kompliziert sind diese Dinge, und so wichtig ist es, vorweg zu überlegen, was in diesen Bereichen geschehen kann. Die volle Lösung dieses Problems gebe ich nicht, ich weiß sie nicht, wahrscheinlich weiß sie niemand.

Nur einen Punkt will ich in diesem Zusammenhang noch hervorheben, den finanziellen. Eine Verständigung der beiden Supermächte, die allein zu dieser Rüstung fähig sind, darüber, auf diese Rüstung zu verzichten, hätte nicht nur den Vorteil, die Gefahren vorerst einmal auszuschalten, die ich gerade genannt habe. Sie hätte auch den zweiten Vorteil, daß dadurch sehr große Geldsummen frei würden, die verwendet werden könnten für das, wofür wir sie dringend brauchen, wie Wirtschaftswachstum und Entwicklungshilfe. Dazu füge ich die kleine Bemerkung, daß die Meinung, Rüstung sei notwendig, um Wirtschaftswachstum und wissenschaftliche Fortschritte zu erzeugen, weder ganz richtig noch ganz falsch ist. So, wie die Wirtschaftssysteme heute eingespielt sind, kann natürlich eine Veränderung der Produktion mit kritischen Entwicklungen, mit Gefahren verbunden sein. Auf der anderen Seite aber ist es ganz manifest nicht richtig, zu meinen, daß, wenn ich ein Waffensystem für sagen wir 10 Milliarden Dollar entwickle und dieses einen wissenschaftlichen „fall out" von 1 Mill. Wert gibt, daß man dann nicht auch diese wissenschaftlichen Resultate gewinnen könnte, indem man direkt 1 Mill. Dollar für sie ausgibt. Der Grund dafür, daß man sie auf dem Umweg über das Waffensystem gewinnt, ist nur, daß es unter Umständen leichter ist, dafür das Geld einzuwerben. Eines der wichtigen prognostischen Themen wäre also eine bewußte, geplante Umstellung, nicht etwa direkt von Militärausgaben auf Entwicklungshilfe, sondern primär von Militärausgaben auf nützliche, das Wirtschaftswachstum fördernde Investitionen, die dann die Fähigkeit zur Entwicklungshilfe erst hinreichend untermauern. Ich möchte hier aber wieder abbrechen, um noch ein paar Worte über Europa und den Weltfrieden zu sagen.

Ich habe gesagt: wenn Europa zu einer größeren Einheit zusammenfindet, wird es eine Rolle in der Welt spielen, die keine andere Macht oder Region ihm abnehmen kann. Auch das ist sehr vorsichtig und vage formuliert. Terminologisch habe ich hier das Wort Europa so verwendet, daß ich Amerika und die Sowjetunion davon ausgeschlossen habe. Ich rede hier so, obwohl mir völlig klar ist, daß Amerika zum europäischen Kulturkreis gehört und Rußland immer ein europäisches Land gewesen ist. Aber ich spreche jetzt von denjenigen Ländern westlich der russischen Grenze, deren wirtschaftliches Schwergewicht heute in Westeuropa liegt, die alle nicht mehr den Großmachtsstatus haben und ihn einzeln nie bekommen werden, die aber zusammengenommen gleichwohl eine Potenz darstellen, die mit der Potenz der beiden heutigen Großmächte vergleichbar ist. Die wirtschaftliche Entwicklung ist immer mehr auf große Einheiten angewiesen. Die Förderung z. B. der Computerindustrie, von der ich unter Punkt 2 sprach, hängt wesentlich daran, daß hinreichend große Einheiten geschaffen werden. Diese großen Einheiten setzen übernationale Zusammenarbeit voraus. Die besonderen Aufgaben, die uns Europäern niemand abnehmen kann, hängen damit zusammen, daß wir weder am Rüstungswettlauf, noch am Wettlauf um gewisse weltpolitische Positionen, zu dem die beiden großen Weltmächte, so wie die Welt nun einmal ist, gezwungen sind, nicht teilzunehmen brauchen. Wir haben die Möglichkeit, unsere Kräfte so zu konzentrieren, daß wir damit vieles leisten, was eben jenen Großmächten sehr viel schwerer fällt. Ich denke hier ebenso an innere Strukturfragen wie an die Probleme der dritten Welt. Um aber hierin ins einzelne zu gehen, müßte ich mehr Zeit aufwenden, als ein Vortrag gewährt.

Ein letztes Wort zum Weltfrieden. Im Grunde hat der ganze Vortrag von ihm gehandelt. Ein Aspekt der wachsenden Probleme der technischen Welt ist, daß der Weltfriede durch rein technische Entwicklungen nicht stabil gesichert ist und, wie ich meine, nicht stabil gesichert werden kann. Das Problem der ABM-Systeme ist nur ein zweifelhaftes Beispiel dafür. Als Beispiel genügt es aber vielleicht, um die strukturelle Tatsache zu zeigen, daß technische Entwicklungen nicht notwendigerweise in der Richtung laufen, den Frieden wahrscheinlicher zu machen.

Sie können auch in der Richtung laufen, den Krieg als ein günstigeres Geschäft erscheinen zu lassen, als er heute ist. Das bedeutet, daß eine politische Sicherung des Weltfriedens unerläßlich ist. Ich möchte klar sagen, daß diese Sicherung heute nicht besteht. Sie würde ja bedeuten, daß politische Bedingungen geschaffen werden, die jeder Macht die Möglichkeit nehmen, aus eigenem Entschluß einen Krieg zu beginnen. Man braucht das nur auszusprechen, um zu sehen, daß dies in einer Zukunft liegt, die wir nicht absehen können. Ich vermag nicht zu prognostizieren, wann diese Bedingung erfüllt sein wird. Ich muß aber sagen, daß, solange diese Bedingung nicht erfüllt ist, der Weltfriede zwar eine gewisse Wahrscheinlichkeit hat, vielleicht sogar eine große, aber nicht gesichert ist, zudem enthält der heutige Zustand der Welt zwar nicht den großen Krieg, aber eine Fülle gewaltsamer Handlungen, eine Fülle von Kriegen, die nicht haben verhindert werden können; und es ist bisher nicht zu sehen, daß die Struktur der Welt sich dahin ändern wird, daß sie künftig ausbleiben werden. Hier stellen uns gerade die erkannten Grenzen der Prognose vor die eigentlichen großen Aufgaben der Zukunft, Aufgaben der Bewußtseinsbildung und des praktischen Handelns.

HUMANITÄT UND NEUTRALITÄT*

Über den Auftrag des Roten Kreuzes im Kampf gegen Leiden und Tod

Meine Damen und Herren!

Humanität und Neutralität sind zwei Grundbegriffe — vielleicht *die* zwei Grundbegriffe, an denen sich die Tätigkeit des Roten Kreuzes orientiert. Wenn ich heute wage, zu Ihnen über diese beiden Begriffe zu sprechen, so kann ich es nicht von innen her tun, aus einer Erfahrung heraus, die nur ein alter Mitarbeiter des Roten Kreuzes besitzen kann. Ich bin leider kein alter Mitarbeiter des Roten Kreuzes; ich bin heute hier bei Ihnen als Ihr Gast. Ich kann nur versuchen, Ihnen von außen zu zeigen, in welcher Landschaft meines Erachtens die durch diese Prinzipien geleitete Arbeit des Roten Kreuzes gestanden hat, steht und künftig stehen könnte. Wenn meine Rede glückt, mag sie Ihnen allenfalls als ein Spiegel dienen.

Gliedern möchte ich die Rede in drei Abschnitte. Der erste soll einige Erinnerungen erwecken. Der zweite ist dem grundsätzlichen Thema „Gewalt und Humanität" gewidmet. Der dritte wendet sich direkt den Grundsätzen des Roten Kreuzes zu.

I. Erinnerungen

Wohl jedem von uns, die wir hier in der Paulskirche versammelt sind, ist das Rote Kreuz seit der Kindheit ein vertrautes Zeichen und seit frühen Jahren eine bekannte Wirklichkeit. Ich möchte Sie auffordern, jeden für sich, im stillen zu überlegen, wie dieses Zeichen und die von ihm bezeichnete Wirklichkeit ihm zum er-

---

* Vortrag, gehalten auf der Jahrestagung des Deutschen Roten Kreuzes in Frankfurt am Main im Juni 1968.

stenmal im Leben begegnet ist. Vielleicht darf ich, da ich soeben das Wort habe, gleichsam stellvertretend meine eigenen ersten Erinnerungen an das Rote Kreuz wachrufen.

Sie verschmelzen mit meinen frühesten Kindheitserinnerungen überhaupt und gehen in das erste Jahr des ersten Weltkrieges zurück. Um das Lustschloß Solitude bei Stuttgart stehen heute noch ein paar Wirtschaftsgebäude aus dem 18. Jahrhundert und eine Reihe von Kavaliershäusern aus derselben Zeit. Einige der Kavaliershäuser waren in meiner Kindheit an Stuttgarter Familien vermietet, und in einem von ihnen haben wir Kinder, in großelterlicher Obhut, mehrere Monate jedes Jahres des ersten Weltkrieges verbracht. Eines der Wirtschaftsgebäude aber war als Lazarett eingerichtet. In den frühesten Bildern, die ich mir heute noch in die Erinnerung zurückrufen kann, sehe ich Verwundete vor mir — ich lernte das Wort „Verwundete" gebrauchen, ehe ich begriff, was eine Verwundung war — Verwundete in gestreiften Lazarettkleidern, Amputierte auf Krücken, Männer mit dicken Verbänden um den Kopf, den Stabsarzt und sein Auto, und zwischen ihnen Schwestern in weißer Tracht mit dem leuchtenden Zeichen des Roten Kreuzes auf der Haube. Dies Rot auf dem weißen Feld vor dem friedlichen Grün der Wiesen, der Kastanienallee und der umgebenden Wälder bot ein schönes helles Bild. Aber ich begann zu begreifen, daß fern von diesem vertrauten Ort und doch unheimlich nah, „an der Front", wie die Erwachsenen sagten, ständig irgend etwas Furchtbares geschah. Ich sah auch meine Mutter als junge Frau im weißen Kleid mit dem roten Zeichen, und ich begann zu verstehen, daß dies ein Zeichen aktiver Liebe in einer Welt der Sorgen und des Schreckens war.

Was war die Wirklichkeit hinter diesen halbverstandenen Bildern?

Erlauben Sie mir, zur Antwort an das uns gemeinsame Wissen, an die in Geschichtsdarstellungen niedergelegte Erinnerung der Menschheit zu appellieren. Ich muß die oft erzählte Geschichte der Entstehung des Roten Kreuzes in wenigen Strichen nachzeichnen.

1859, im französisch-österreichischen Krieg um die Unabhängigkeit Italiens, gerät auf dem Schlachtfeld von Solferino in die

Mitte der unermeßlichen Qualen der Verwundeten und Sterbenden der junge Genfer Geschäftsmann Henri Dunant, ein Zivilist im schwarzen Anzug, der den Kaiser Napoleon um eine Lizenz für seine algerischen Mühlenwerke hatte angehen wollen, ein Sohn calvinistischer Patrizier, das Herz voll von unausgedachten Träumen einer christlichen Verwandlung der Welt. Ihm geschieht der Sturz aus dem Traum in die Wirklichkeit. Mühlen und Weltverbesserung entschwinden seinem Blick, und er organisiert die Pflege der Verwundeten, mit wenigen auf dem Schlachtfeld zusammengerafften Ärzten und Helfern, und ohne Rücksicht darauf, welcher Armee die Verwundeten entstammen. Auch die Ziele der kämpfenden Parteien verschwinden für ihn; er ist neutral, denn er ist human. Er ist der Mensch gegenüber leidenden Menschen.

Ein solches Erlebnis haben Menschen immer wieder in der Geschichte gehabt. Nicht in der Erschütterung und dem spontanen Handeln unter der Wirkung der Erschütterung liegt Dunants welthistorische Leistung, sondern in der Verwandlung eines Handelns in eine feste, lehrbare, vorplanbare Gestalt. Der Vorgang dieser Verwandlung beginnt mit einer für viele große Vorgänge charakteristischen Unabsichtlichkeit. Henri Dunant geht nach der Schlacht von Solferino vorerst wieder seinen Geschäften nach. Nach einigen Jahren befreit er sich von den quälenden Bildern jenes Erlebnisses in einem Buch „Erinnerung an Solferino". In dieses Buch fließen seine Gedanken darüber ein, was eigentlich getan werden müßte — Gedanken, die, ebenso wie das Schicksal der europäischen Verwundeten, das der amerikanischen Negersklaven und vieles mehr umfassen. Das Buch veranlaßt einige Bürger von Genf, unter dem Vorsitz des ehrwürdigen Generals Dufour das Komitee vom Roten Kreuz zu gründen. Elektrisiert von der Wirkung seiner eigenen Gedanken reist Dunant von Regierung zu Regierung, von Hof zu Hof, verwendet eine freundliche Phrase, mit der man ihn abspeisen will, beim nächsten Gesprächspartner wie den Präzedenzfall einer festen Zusage und überzeugt die Könige und Staatsmänner Europas, daß sie eine von fünf Privatleuten einberufene internationale Konferenz zur Fürsorge für die Verwundeten kommender Kriege beschicken müssen. Hinter dem Rücken der vorsichtigen Mitglieder des Genfer Komitees setzt er den entscheidenden, eigentlich revolutionären Gedanken auf die Tagesordnung: die Neutralisierung der Pflegenden in den Feldzügen und auf dem Schlachtfeld. In der Tat, wahrhaft humane Pflege muß ohne Unterschied geschehen, und wer sie ausübt, der darf und soll sich verpflichten, am Kampfgeschehen keinen Anteil zu nehmen. Die kämpfenden Parteien aber erkaufen den Vorteil, daß jemand sich der Opfer des Kampfes selbstlos annimmt, mit der Bereitschaft, den Pflegenden Zugang zu gestatten und Schutz zu gewähren, wo sonst nur den Kämpfenden der eigenen Partei Zugang und Schutz zugestanden wird. Die Neutralität des Roten Kreuzes erweist sich als hinreichend vorteilhaft oder doch unschädlich für den Siegeswillen jeder der beiden Seiten, um von beiden zuerst in Verträgen und nachher auch in der Praxis respektiert zu werden. Die Neutralität stellt sich so als das unerläßliche Bindeglied zwischen Nächstenliebe und Weltklugheit heraus; sie ermöglicht, das spontane Handeln in die Tätigkeit einer großen, ständigen Organisation umzusetzen.

Ich verfolge hier nicht mehr die allbekannte Geschichte der Ausdehnung der Arbeit des Roten Kreuzes durch hundert Jahre. Ich muß aber einen Blick auf die späteren Schicksale des Mannes Henri Dunant werfen. Die Weltgeschichte ist nicht der Boden des Glücks. Die extravaganten Tugenden des Gründers eines Werks sind oft entscheidende Mängel für den, der es fortführen soll. Dunant war nicht damit zufrieden, für die Verwundeten zu sorgen. In immer neuen Projekten suchte er allen Leidenden zu helfen, Projekten, in denen sich der klare Blick des Zufrühgekommenen oft eigentümlich mit den Träumen des Phantasten mischte. Schließlich wollte er nicht die Folgen des Kriegs lindern, sondern den Krieg überwinden. Das Internationale Komitee vom Roten Kreuz und die nationalen Gesellschaften vom Roten Kreuz konnten ihm auf diesem Weg nicht folgen. Das Prinzip der Neutralität, das ihnen den Spielraum ihrer Hilfstätigkeit offenhielt, schloß sie, so war die allgemeine Überzeugung, von jeder Parteinahme und folglich vom Eingreifen in die Entscheidungen der Mächte aus.

Der latente Konflikt zwischen Dunant und seinem Werk löste sich bald in tragischer Weise. Seine algerischen Unternehmungen brachen zusammen. Als bankrotter Geschäftsmann konnte er sich in der Genfer Gesellschaft nicht mehr sehen lassen. Er reiste, arm und verelendend, durch Europa, war Gast befreundeter Familien, schlief manchmal auf Bahnhöfen und in Asylen, und schließlich entschwand er für zwanzig Jahre völlig dem europäischen Bewußtsein. In den neunziger Jahren stellte sich einem Ostschweizer Arzt ein unterernährter alter Mann mit langem weißen Bart vor: „Ich bin Henri Dunant", und auf eine Gegenfrage: „Ja, ich bin der, den Sie meinen". Zurückgezogen lebte er noch 15 Jahre in dem Städtchen Heiden, in wachsendem Weltruhm. Aber als er den Friedensnobelpreis erhielt, mußten Freunde Sorge tragen, daß nicht das ganze Geld an die Erben der Gläubiger seines vierzig Jahre zurückliegenden Konkurses ging. Er empfand es bitter, von den Lippen einer Gesellschaft Lob zu empfangen, deren praktische Moral er seinem eigenen und fremdem Leiden gegenüber als brüchig und verlogen erfahren hatte. Er starb, ehe der erste Weltkrieg begann.

Soweit die Erinnerungen.

II. Gewalt und Humanität

Um zielbewußt zu handeln, sollten wir verstehen, was wir tun. Um zielbewußt Humanität zu üben, sollten wir wissen, was Humanität ist. Was heißt Humanität? Wie müssen wir handeln, um human zu handeln?

Soll man sich mit solchen Fragen aufhalten? Weiß das nicht jeder schon? In der Tat, Humanität ist eines jener vielbenutzten Worte, die scheinbar jeder schon versteht; wie könnte es uns sonst so leicht von der Zunge fließen, wenn wir die Humanität von anderen fordern, wenn wir die Inhumanität, die Unmenschlichkeit unserer Mitmenschen verurteilen? Versuchen wir aber eines dieser vielbenutzten Worte genau zu erklären, so geraten wir in Schwierigkeiten der abstrakten Definition eines Begriffs. In ihnen verrät sich vielmehr, daß es nicht leicht ist, den Forderungen zu genügen, die diese Begriffe ausdrücken. Es ist nicht leicht, human zu handeln. Es verlangt eine Selbstdisziplin, eine Selbstkontrolle, der wir uns wahrscheinlich entziehen, wenn wir das Wort leichthin benutzen. Um diszipliniert zu handeln, müssen wir die Anstrengung machen, zu verstehen, was wir von uns und anderen fordern.

Was also heißt Humanität? In dem höchst lesenswerten Buch von Jean Pictet „Die Grundsätze des Roten Kreuzes" (Genf 1956) sind sieben fundamentale Grundsätze aufgezählt. Der erste von ihnen ist der Grundsatz der Humanität. Pictet formuliert ihn so: „Das Rote Kreuz bekämpft das Leiden und den Tod. Es verlangt, daß der Mensch unter allen Umständen human behandelt werde."

Ist das schon eine Antwort auf unsere Frage? Der Grundsatz besteht hier aus zwei Sätzen. Der erste formuliert eine klare Aufgabe: den Kampf gegen Leiden und Tod. Wir müssen auf ihn zurückkommen. Der zweite Satz scheint den ersten zu erläutern oder zu erweitern. Er fordert, daß der Mensch unter allen Umständen human behandelt werde. Hier ist das Wort, nach dessen Sinn wir fragen, das Wort „human", nicht erklärt, sondern zunächst nur wiederholt. In seiner ausführlichen Erläuterung dieses Grundsatzes umschreibt der Verfasser den Sinn des Wortes. Er geht dabei aus von der Erklärung eines Wörterbuchs, „humanité" bezeichne ein Gefühl des tätigen Wohlwollens den Menschen gegenüber. Lesen wir seine Erläuterung sorgfältig, so beweist sie uns, wie unzureichend diese Wörterbuchdefinition ist. „Wohlwollen" ist ein blasses Wort, „Gefühl" desgleichen. Beide sind zu unverbindlich. Es geht nicht um Gefühle, sondern um die Tat. Es geht freilich nicht nur um einzelne Taten, sondern um das Prinzip, aus dem diese Taten fließen. Was aber ist dieses Prinzip? Es scheint etwas Strengeres zu sein als bloßes Wohlwollen, und doch etwas Liebenswerteres als eine Moralvorschrift; bewußter als nur ein Gefühl und doch substantieller als ein bloßer Gedanke. Was ist diese Humanität? Erlauben Sie mir dazu einen kleinen philosophischen Exkurs. Dabei möchte ich unter Philosophie nicht mehr verstehen, als die Bereitschaft, weiterzufragen.

Humanität heißt auf deutsch Menschlichkeit. Wir stellen Menschlichkeit als ein Prinzip auf, wir fordern sie von uns. Was soll aber Menschlichkeit heißen? Es heißt doch wohl „so sein wie ein Mensch". Fordern kann man nur, wo eine Wahl bleibt. Wenn wir vom Menschen fordern, so zu sein wie ein Mensch, so setzen wir offenbar voraus, daß er auch anders sein kann, also daß er auch nicht so sein kann wie ein Mensch. Das ist keine Wortklauberei. Der Mensch, so sagt man wohl auch, ist ein Wesen, das sich selbst verfehlen kann. Der Mensch kann versäumen, der zu werden, der zu sein, der zu bleiben, der er eigentlich ist. Menschlich sein heißt in Wahrheit Mensch sein, ein wahrer Mensch sein. Wer aber ist in Wahrheit Mensch?

Durch eine einzige Rückfrage nach dem Sinn des Wortes Humanität sind wir zu dem zentralen Thema aller Philosophie des Menschen und aller Religion, soweit sie sich dem Menschen zuwendet, vorgestoßen, der Frage, wie wir sein müssen, um in Wahrheit Menschen zu sein. Es wäre leichtfertig, wollte ich in einer Rede wie der heutigen ein paar Sätze aussprechen, die den Eindruck erweckten, als seien sie die Antwort auf diese Frage. Es wäre leichtfertig und unrecht, aus zwei miteinander zusammenhängenden Gründen.

1. Die Frage nach dem wahren Menschen, der zu sein ich ständig versäume, das ist — so gilt es für jeden von uns — die Frage nach mir selbst. Der Sinn einer solchen Frage ist nicht, eine rasche Antwort zu erhalten. Gerade diese Frage ist ein Schritt auf dem Weg zu mir selbst. Den Weg gehen, heißt in der Frage aushalten, bis hin zur wiederkehrenden Verzweiflung: habe ich versäumt, der zu sein, der ich hätte sein sollen? Die Antwort, wie immer sie formuliert sein mag, wird nur der verstehen, der in der Frage ausgehalten hat.

2. Für das, was wir heute zu tun haben, nämlich praktische Humanität zu üben, kommt es gerade nicht darauf an, eine dogmatische Antwort auf die Frage nach der wahren Menschlichkeit zu besitzen. Diese dogmatischen Antworten, wie die Geschichte sie uns bietet, sind vielgestaltig. Die Religionen liegen seit Jahrtausenden miteinander im Streit, die politischen Ideologien seit Jahrhunderten. Das Bedürfnis der Menschen, einer Gruppe anzugehören, die die wahre Antwort weiß, entstellt in der Praxis immer wieder den Sinn der gegebenen Antworten. Das Wort Humanität ist jedoch in unserer Geschichte stets dort aufgetaucht, wo Menschen nach einem Begriff suchten, der dem Parteienstreit entnommen wäre und den jeder anerkennen könnte. Das Wort Humanität ist selbst, geschichtlich gesehen, eine

Formel der Neutralität im Parteienstreit. Es trägt in sich die Stärke und die Problematik der Neutralität. Wollen wir den Begriff der Humanität verstehen, so müssen wir ihn in dieser seiner neutralisierenden Funktion verstehen.

Diese Aufgabe, in ihrem vollen philosophischen Gewicht genommen, würde freilich den Rahmen eines Vortrags sprengen, der letzten Endes pragmatisch gemeint ist und pragmatisch gemeint sein soll. Ich schränke deshalb mein Thema ein auf das, was im ersten Grundsatz des Roten Kreuzes gemeint ist mit dem Kampf gegen Leiden und Tod. Auch dieses Thema schränke ich für den heutigen Vortrag noch weiter ein auf den Kampf gegen Leiden und Tod, soweit sie durch Gewalt hervorgerufen sind, also in erster Linie auf den Kampf gegen Leiden und Tod als Folgen des Krieges. Vielleicht können wir an diesem Beispiel, das uns direkt betrifft, etwas ablesen von der umfassenden Frage nach der Menschlichkeit überhaupt.

Die erste freie Handlung des Menschen, von der die Bibel erzählt, ist das Nachgeben gegen die Versuchung, die zweite ist die Lüge, die dritte der Brudermord. Versuchung und Lüge bezeichnen das, was ich im heutigen Vortrag im Hintergrund stehen lasse; der Brudermord ist unser Thema. Die Geschichte von Kain und Abel ist zwar eine Legende. Aber die historischen Quellen zeigen, daß die Wirklichkeit ihr immer entsprochen hat. Soweit wir den Menschen in der Geschichte zurückverfolgen können, übt er Gewalt gegen Menschen, tötet er seinesgleichen. Die Tiere, von denen wir abstammen, tun das nicht; sie haben eine hinreichende Hemmung gegen die Tötung von Artgenossen. Der Spruch „homo homini lupus" ist falsch. Der Mensch verhält sich zum Menschen gerade nicht wie der Wolf zum Wolf, sondern allenfalls wie der Wolf zum Menschen und der Mensch zum Wolf. Es reicht aber nicht aus, uns über den Menschen zu entrüsten; wir müssen verstehen, wie es zu diesem Verhalten kommen kann. Gerade hier zeigt die Forderung der Menschlichkeit ihren Sinn. Der Mensch ist ein Wesen, das sich selbst verfehlen kann wie es kein Wolf kann, denn er kann auch in einer Weise er selbst sein, die dem Wolf verschlossen bleibt. Was ist, unter dem eingeschränkten Blickwinkel von Gewalt und Hemmung der Gewalt, die Menschlichkeit, die wir erreichen oder verfehlen können?

Die Hemmung der Tiere gegen die Tötung von Artgenossen ist instinktiv. Der Mensch ist frei. Ich gebrauche das Wort „frei" hier in einem eingeschränkten, aber, wie ich hoffe, darum einigermaßen deutlichen Sinn. Die instinktiven Antriebe — in unserem Fall vor allem die Aggression — sind auch bei ihm vorhanden. Aber sie fügen sich nicht zu vorbestimmten, verketteten Handlungsabläufen zusammen. Seine Verhaltensketten fügen sich vielmehr zusammen unter der Vorherrschaft zweier nicht instinktiver Bindeglieder: der Tradition und der Einsicht. In unserem Falle: Der Mensch ist —wenn ich etwas verkürzend sprechen darf — zu der Einsicht fähig, daß er seinesgleichen den Tod und das Leiden nicht zufügen soll. Er ist fähig zur Einsicht der Nächstenliebe. Diese Einsicht ist ein integrierender Bestandteil der Humanität. Die Sprechweise, daß er dem Mitmenschen etwas nicht zufügen soll, hat nur einen Sinn, wenn er es ihm zufügen kann. Er ist frei, seinesgleichen zu töten; die instinktive Hemmung dagegen reicht bei ihm nicht aus. Aber die Einsicht ist ihm zugänglich, daß er es nicht soll. Er ist wahrer Mensch, wo er die Einsicht gewinnt und ihr gemäß handelt. Er verfehlt seine wahre Menschlichkeit, wenn er die Einsicht verfehlt oder verrät.

Wenn ich aber Einsicht und Trieb einander so einfach gegenüberstelle, wie ich es soeben getan habe, so lasse ich einen entscheidenden Faktor des Menschseins noch beiseite, nämlich die Geschichte. Ich sprach vorhin von zwei nicht-instinktiven Kräften: der Tradition und der Einsicht. Die Einsicht ist zwar die höchste Lenkerin humanen Handelns, aber sie ruht stets auf einem Grund von Tradition. Man kann sagen: der Mensch ist ein Wesen, das darauf angewiesen ist, Tradition zu besitzen; er ist dasjenige Lebewesen, dessen Natur es ist, Geschichte zu haben. So ist es ihm angeboren, eine Sprache lernen zu können und zu müssen; welche Sprache er aber lernt, hängt von seinem Elternhaus, seiner Volkszugehörigkeit ab, in der er aufwächst. Er wächst zugleich in traditionelle Sitten hinein. Einen der wichtigsten Bereiche machen diejenigen traditionellen Formen aus, die das Leben des Mitmenschen schützen. Man wird sagen dürfen, daß diese Sitten des Lebensschutzes, so wie wir sie aus der Geschichte der Menschheit bis zum heutigen Tag kennen, etwas wie eine Kompromißlösung darstellen. Innerhalb der einzelnen Gruppe, also zuerst vielleicht der Sippe, später der Stadt, schließlich der Nation ist die Tötung des Mitmenschen — außer in bestimmten, gesetzlich umschriebenen Fällen wie Notwehr oder Todesstrafe — verboten. In aller höheren Ethik ist darüber hinaus der Mensch überhaupt, auch der der anderen Gruppe, grundsätzlich geschützt. Das biblische Gebot „du sollst nicht töten", wörtlich übersetzt „du sollst nicht morden", bezeichnet eben diesen Schutz. Aber ein geregelter Kampf der Gruppen gegeneinander, eben der Krieg, bleibt erlaubt.

Zu dieser Welt der Tradition steht die Einsicht in einem zweischneidigen, einem Spannungsverhältnis, und diese Spannung treibt den geschichtlichen Prozeß voran. Einerseits ist die Tradition der nährende Grund, auf dem Einsicht wächst. Kein Mensch entwickelt seine Einsicht allein aus sich selbst. Er denkt nicht ohne die von Älteren gelernte Sprache, und er denkt damit in den Formen, die ihm die Sprache überliefert; er wäre nicht am Leben ohne das Gefüge der Sitte, das sein Heranwachsen beschützt hat. Andererseits bleibt die Sitte stets hinter den Forderungen der erwachten Einsicht zurück. Das Verbot des Mords ist weniger als die Nächstenliebe, die erst den Sinn des Gesetzes erfüllt. Im Idealfall muß sich die Tradition immer wieder vor der wahren Einsicht ausweisen und, wo sie sich als unzureichend erweist, geändert werden. Im realen Prozeß der Geschichte entsteht der bittere Kampf zwischen Beharrung und Wandel, in dem beide Seiten den Anspruch auf Einsicht erheben; ein Kampf, dessen unausweichliche Schärfe vielen von uns gerade in dem Jahr 1968, in dem wir leben, von neuem zum Bewußtsein gekommen ist. Einsicht entsteht nicht, wo man sich diesem Kampf entzieht, also übrigens auch nicht, wo man vorweg schon zu wissen meint, daß die eigene Seite recht hat.

In der Frage der Gewaltübung gegen den Mitmenschen ist unsere Tradition, die —roh gesprochen — den inneren Frieden schützt, indem sie den äußeren Krieg erlaubt, von Einsichtigen immer wieder als Kompromißlösung erkannt worden. Traditionen können verändert werden, und Jahrtausende haben daran gearbeitet, den Kompromiß wenigstens zu verbessern, vielleicht eines Tages zu überwinden. Wir wären nicht human, wir würden nicht gegen Leiden und Tod kämpfen, wenn wir uns an dieser Anstrengung nicht beteiligten. Welche Wandlung der Tradition aber war bisher möglich, welche wird künftig möglich sein? Man wird vielleicht drei Richtungen dieser Arbeit unterscheiden müssen: die Einschränkung des Kriegs, die Humanität im Krieg und schließlich die Überwindung des Kriegs.

Im 19. Jahrhundert haben die Bewegungen für die Einschränkung des Kriegs und für die Humanität im Krieg große Fortschritte gemacht. Zum Teil gingen sie Hand in Hand, aber ich möchte sie zunächst getrennt betrachten.

Es ist schon eine uralte Einschränkung des Kriegs, daß auch zwischen den Gruppen, heute also den Nationen, der Krieg als Ausnahmezustand verstanden wird. Der äußere Friede gilt als der normale und eigentlich erwünschte Zustand. Die Maxime, die sich in dem gegen die Spanier gerichteten englischen Spruch des 17. Jahrhunderts ausdrückt „no peace beyond the line" („kein Friedensschluß gilt südlich des Äquators"), ist eine Seeräubermaxime. Friede ist das Normale, Krieg muß erklärt werden. Mit dem Begriff des äußeren Friedens ist der Begriff der außenpolitischen Neutralität möglich geworden: wenn zwei miteinander Krieg führen, kann doch ein Dritter mit beiden in Frieden leben. In Europa gibt es wenigstens ein Land, die Schweiz, dessen Außenpolitik seit langer Zeit auf dem Prinzip der Neutralität gegenüber allen Konflikten seiner Nachbarn beruht. Dabei bleibt dieses Land zum Verteidigungskrieg gerüstet, und, man darf es sagen, gut gerüstet. Daß Krieg nur der Verteidigung dienen soll, ist ein Empfinden, das im Bewußtsein aller Nationen immer weiter um sich greift; die Wandlung des Namens von „Kriegsministerium" zum „Verteidigungsministerium" spiegelt diese Entwicklung. Das Souveränitätsrecht des Staates, selbst zu entscheiden, wann der Krieg, sei es auch nur zur Verteidigung, notwendig ist, bleibt dabei aber unangetastet. Und wir dürfen nicht übersehen, daß in weiten Teilen der Welt auch heute neben dem Verteidigungskrieg der Befreiungskrieg als sittlich und rechtlich legitim gilt.

Eine andere Richtung der Anstrengung geht dahin, der Humanität im Kriege Raum zu schaffen. Dies ist das klassische Feld des

Roten Kreuzes. Das Rote Kreuz hat in seiner älteren Gestalt, in der es sich zumal nach dem Ausscheiden Dunants befestigte, darauf verzichtet, einen Einfluß in der Richtung der Verhinderung von Kriegen zu üben. Es bedurfte des Schutzes einer strikten Neutralität gegenüber den Konflikten der Staaten, um von allen Staaten die Duldung und Förderung seiner Arbeit zu erhalten. Um innerhalb des Krieges Raum für Humanität zu schaffen, mußte es den Krieg als Institution unangefochten lassen. In diesem Sinne hat auch sein Kampf gegen Tod und Leiden eine Kompromißlösung vorausgesetzt.

Diese besondere Kompromißlösung wurde in der zweiten Hälfte des 19. Jahrhunderts möglich, weil sie einer allgemeinen Tendenz entsprach, die man vielleicht die Tendenz der Humanisierung des Krieges nennen kann. Hierher gehört z. B. die Schaffung völker- und kriegsrechtlicher Normen zum Schutz der Zivilbevölkerung, zu scharfer Trennung von Kombattanten und Nichtkombattanten usf. Dies hing mit dem damals wachsenden Empfinden für Humanität und Rechtsstaatlichkeit zusammen. Es war aber zum Teil auch eine schützende Gegenbewegung gegen die Ausweitung des Krieges durch den Übergang von Berufsheeren zu Volksheeren und zu immer wirkungsvolleren, das heißt schrecklicheren, technischen Waffen. Die Tendenz zur Humanisierung des Kriegs hat in der Tat in der Gestalt, die die Kriege des 20. Jahrhunderts angenommen haben, erschreckende Rückschläge erlitten. Mit Recht erhebt man heute die Stimme gegen Kampfmethoden, die den Zivilisten nicht vom Soldaten unterscheiden.

Es ist wichtig, die große moralische Leistung und die faktische Verwandlung der Welt nicht zu unterschätzen, die in diesen Schritten zur Einschränkung des Kriegs und zum Raumschaffen für Humanität im Krieg vollbracht worden sind. Jeder Rückfall hinter das Erreichte macht sich furchtbar bezahlt. Es ist aber ebenso wichtig, zu sehen, daß alles so Erreichte wiederum aus zeitbedingten Kompromißlösungen besteht, die einer bestimmten Geschichtsepoche angepaßt waren. Für eine heute altehrwürdige Institution wie das Rote Kreuz wäre es eine große Gefahr, wenn sie den Wandel der Geschichte in hundert Jahren nicht bemerkte. Wir müssen uns zunächst einen Einwand vergegenwärtigen, der gegen alle Versuche zur Humanisierung des Kriegs erhoben werden konnte und erhoben worden ist. Er lautet: Indem ihr die Schrecken des Kriegs mindert, schwächt ihr den Impuls der Menschen, den Krieg ganz zu überwinden. Indem ihr euch den Regierungen durch Neutralität akzeptabel macht, um die Opfer der von ihnen begonnenen Kriege pflegen zu können, verzichtet ihr auf die größere Menschenpflicht, die moralische Unmöglichkeit des Kriegs überhaupt bloßzustellen. Eure Neutralität ermöglicht eine kleine Humanität, indem sie eine große Inhumanität anerkennt. Diese Vorwürfe mögen ungerecht erscheinen, wenn sie von außen erhoben werden. Aber ich glaube, keinem von uns, der selbst im Dienst der Humanisierung gearbeitet hat, sei es im Roten Kreuz oder anderswo, sind die Stunden erspart geblieben, in denen er selbst diesen Vorwurf gegen sich erhob. Und daß Dunant mehr wollte, als das Rote Kreuz erreicht hat, ist zweifellos.

Es ist zu jeder Zeit wichtig, zu sehen, was gerade in dieser Zeit erreicht werden kann und was nicht. In der Phase der Geschichte des Roten Kreuzes, die von Dufour und Moynier bis zu Max Huber reicht, war seine Weise, Humanität durch Neutralität zu ermöglichen, dem Entwicklungszustand der europäischen Staatengemeinschaft angepaßt, in der sein großes Wirkungsfeld lag. Zu jener Zeit mehr zu fordern, hätte bedeutet, weniger zu erreichen. Wer den Krieg selbst bekämpfen wollte, mußte es an anderen Stellen tun. Inzwischen sind aber zwei Entwicklungen eingetreten, die uns nötigen, diese Haltung zu überprüfen.

Die eine Entwicklung ist die Verlagerung der akuten Konfliktszonen in außereuropäische Bereiche. Bis 1945 mußte das Rote Kreuz, um offene Türen für seine Arbeit zu finden, die Sprache des europäisch-amerikanischen Kulturkreises sprechen. Um das Ohr europäischer Völker und Regierungen zu erreichen, mußte es sich typisch europäische Denkweisen und Vorurteile zu eigen machen. Was damals eine Stärke war, wird heute eine Schwäche. Um an der Stelle der größten Not helfen zu dürfen, muß das Rote Kreuz heute das Ohr der Nationen Asiens und Afrikas erreichen. Es muß weltumspannende Begriffe entwickeln, und es wird mit Überraschung feststellen, daß viele Begriffe, die man bis vor kurzem für weltumspannend hielt, typisch europäisch oder westlich waren. Auf ein Beispiel dafür komme ich alsbald im Schlußteil meines Vortrags zurück.

Die zweite Entwicklung ist das ringsum wachsende Bewußtsein, daß ein politisch gesicherter Weltfriede Lebensbedingung der modernen Welt ist. Die Überwindung des Kriegs ist heute zu einem Thema geworden, dem sich niemand mehr entziehen kann, der mit seiner Forderung nach Humanität ernst genommen werden will. Es ist keineswegs ein leichtes Thema, und wer es nicht mit der gehörigen Nüchternheit aufgreift, wird auf die Dauer ebensowenig ernst genommen werden wie wer sich ihm entzieht. In den Begriffen, die ich vorhin gebraucht habe, würde ich die Entwicklung wie folgt beschreiben:

Die kulturelle Tradition, also auch die Gesellschaftsordnung, in der wir leben, erleidet heute eine radikale Umgestaltung durch Wissenschaft und Technik. Dies ist eine Umgestaltung der Tradition durch wachsende Einsicht, und zwar durch Einsicht in kausale Zusammenhänge. Diese Einsicht hat und schafft ihre eigene Tradition; es wäre lohnend, das Zusammenspiel von Überlieferung und Einsicht bis in die wissenschaftliche Begriffsbildung hinein zu verfolgen, doch gehört das nicht in den heutigen Vortrag. Sie verlangt und erzwingt aber auch eine Veränderung der Formen und Normen unserers Zusammenlebens. Insbesondere fordert sie die Schaffung einer neuen Tradition, einer neuen festen Sitte für die Verwaltung der übermäßigen Macht, die sie in unsere Hand gelegt hat. Im Fall des Kriegs hat diese übermäßige Macht die Gestalt der tödlichen Waffen, die wir heute besitzen und, unter der noch bestehenden politischen Ordnung der Welt, ohne Zweifel fortfahren werden zu entwickeln. Eine Analyse der inneren Gesetzmäßigkeit dieser Waffenentwicklung, die ich im heutigen Vortrag nicht geben kann und wohl nicht zu geben brauche, führt mich zu dem Schluß, daß sich die technische Welt hier so wenig wie in anderen Problemen von selbst stabilisiert. Sie bedarf einer beabsichtigten, planvollen, also einer politischen Stabilisierung. Der politisch gesicherte Weltfriede wird durch die technische Entwicklung zu einer unausweichlichen Forderung, er wird zur Lebensbedingung der modernen Welt.

Das Bewußtsein der Menschheit hat heute begonnen, sich mit diesem Gedanken vertraut zu machen. Die politische Struktur der Welt ist weit davon entfernt, dieser Forderung zu genügen; wir gehen m. E. in Jahrzehnte wachsender Kriegsgefahren hinein. Aber gleichzeitig ist es unmöglich geworden, den Krieg als Institution fraglos zu akzeptieren. Wie müssen wir unsere Grundsätze fassen, damit sie diesem Stand des Weltbewußtseins entsprechen?

III. Die Grundsätze des Roten Kreuzes

Kehren wir noch einmal zur Formulierung der Grundsätze in dem Buch von Jean Pictet zurück. Der erste Grundsatz, derjenige der Humanität, lautet dort: „Das Rote Kreuz bekampft das Leiden und den Tod. Es verlangt, daß der Mensch unter allen Umständen human behandelt werde." Wir halten nun daneben den fünften Grundsatz, den der Neutralität: „Das Rote Kreuz beachtet eine strenge Neutralität auf militärischem, politischem, konfessionellem und weltanschaulichem Gebiet." Leider vermag ich die sehr sorgfältigen Formulierungen, in denen der Verfasser diesen Grundsatz erläutert, nicht im einzelnen zu besprechen. Ich hebe die für unsere Frage wichtigsten Züge heraus.

Auch hier wird das Wort, um das es geht, im Grundsatz zunächst nur ausgesprochen, aber nicht definiert. Die nachfolgende Worterläuterung bei Pictet lautet wie folgt: „Das Wort neutral kommt vom lateinischen neuter, was besagt: weder das eine noch das andere. Die Neutralität ist ein wesentlich negativer Begriff; er umschreibt vor allem die Haltung von jemandem, der einem Konflikt fernbleibt, der sich nicht offen für die eine oder andere Partei ausspricht." Ich zitiere noch zwei weitere Sätze: „Wenn auch die Neutralität die Haltung des Roten Kreuzes gegenüber Kriegführenden und Ideologien festlegt, so bestimmt sie jedoch niemals sein Verhalten gegenüber den Leidenden." Und: Neutralität „gehört ... weniger zum Ideal des Roten Kreuzes als zu den Mitteln, die ihm erlauben, seine Aufgabe zu erfüllen" (S. 67 bis 68).

Wir vergegenwärtigen uns am bisher Gesagten den Sinn dieser Sätze. Neutralität auf militärischem Gebiet, also gegenüber den

Kriegsführenden, ist in der Tat die praktische Vorbedingung der gesamten Hilfsarbeit des Roten Kreuzes. Diese Neutralität ist kein Zweck, kein Ideal, sondern ein Mittel; sie ist die Weise, den beiden kriegführenden Parteien klarzumachen, daß es ihre Interessen nicht verletzt, den Dienst des Roten Kreuzes an den Verwundeten und Kranken zuzulassen. Weil sie kein Zweck, sondern ein Mittel ist, verlangt sie keine Gleichgültigkeit des Herzens gegenüber den Zielen der Kriegführenden. Es hieße die menschliche Natur überfordern, wollte man etwa in einem nationalen Krieg von dem Angehörigen einer der kämpfenden Nationen Gleichgültigkeit gegenüber den Zielen seiner Nation verlangen. Gleichwohl wird mit Recht verlangt, daß der, der im Roten Kreuz den Opfern des Krieges dient, für die Kriegsziele seiner eigenen Nation weder offen noch versteckt kämpft. Diese Regel überfordert die menschliche Natur nicht, und ihre Einhaltung ist eine sittliche Leistung, ihre Einübung ein sittlicher Wert. Es ist natürlich und wichtig, daß sich das Rote Kreuz, um der Fraglosigkeit seiner Neutralität willen, auch allen nicht unmittelbar militärischen Parteiungen fernhält. Das soll mit der Neutralität auf politischem, konfessionellem und weltanschaulichem Gebiet und mit der Neutralität gegenüber Ideologien ausgedrückt werden. Und doch kann die Neutralität nicht total sein. Es gibt keine Neutralität gegenüber der Humanität selbst. Darum kann die Neutralität, wie Pictet sagt, nicht das Verhalten des Roten Kreuzes gegenüber den Leidenden bestimmen. Aber die Grenzlinien, die hier gezogen werden müssen, verlangen oft subtile Unterscheidungen und bedürfen immer neuer Überprüfung. Ich versuche zunächst, die klassische Position des Roten Kreuzes dieser Frage gegenüber zu umreißen.

Man kann nicht leugnen, daß Kriege nicht nur um das geführt werden, was wir mit einem selbst schon neutralisierenden Wort nationale Interessen nennen. Oft sind die Kämpfenden überzeugt, für ein hohes sittliches Gut zu kämpfen, für Freiheit gegen Knechtschaft, für Gerechtigkeit gegen Ausbeutung, für Humanität gegen Unmenschlichkeit. Auch wer im Roten Kreuz dient, wird sich in vielen Fällen der Überzeugung nicht entziehen können, daß in einem bestimmten Krieg die eine Seite die schlechtere Sache vertritt oder die unmenschlicheren Mittel gebraucht.

Neutralität des Herzens demgegenüber wird ihm nicht nur menschlich kaum möglich sein; sie wäre sittlich nicht erlaubt. Gleichwohl muß er in seinem Verhalten die Neutralität wahren, denn nur die allbekannte absolute Zuverlässigkeit der Neutralität hält dem Roten Kreuz die Wege offen, die zu seiner Aufgabe, zum Dienst an den Opfern des Kampfes, führen. Diese neutrale Haltung ist auch in diesem Fall eine positive sittliche Leistung. Sie appelliert daran, daß auch der Kämpfende noch das Stück Distanz zu sich selbst behält, ohne das Humanität nicht möglich ist. Es ist in der Tat entscheidend für die Humanität, daß es Menschen gibt, die sich der Teilnahme am bewaffneten Kampf auch für eine gute Sache versagen, um die unmittelbarste Form der Nächstenliebe, den Dienst am Leidenden, zu üben, und daß die Kämpfenden diese Haltung achten und ermöglichen.

Alles kommt aber darauf an, daß dieser Sinn der Neutralität verständlich wird und bleibt. Die Gefahr liegt ja so nahe, daß Neutralität zu einem Schutzwall moralischer Gleichgültigkeit wird. Wir müssen überprüfen, ob die überlieferte Gestalt der Neutralität angesichts der vorhin genannten doppelten Veränderung des Weltbewußtseins noch überzeugend ist.

Die klassischen Formeln der Neutralität, die u. a. die Auswahl der Worte „konfessionell", „weltanschaulich", „ideologisch" bestimmen, setzen in relativierender Weise Überzeugungsgegensätze auf eine ähnliche Stufe wie Interessengegensätze. Um es am Wort „konfessionell" zu verdeutlichen: Eine Konfession ist ja eigentlich eine besondere, historisch gewachsene Form des gemeinsamen Bekenntnisses einer Gruppe von Menschen zu einer Wahrheit, die ihr Leben bestimmt. Es geht hier aber primär nicht um Absonderung von den anderen Gruppen, sondern um eine Wahrheit, die für alle Menschen verbindlich gedacht wird. Es geht damit auch um den eigentlichen Grund und Sinn von Humanität. Die einschränkende Bezeichnung dieses Bekenntnisses als „Konfession" ist ein Akt relativierender Resignation gegenüber der Wahrheitsfrage. Wir wandern damit auf einem schmalen Grat. Der positive Sinn dieser Resignation ist, daß wir das Ende des Streits um die Wahrheit nicht abwarten können, wenn wir hier und heute Nächstenliebe üben wollen. Darum muß die praktische Humanität neutral gegenüber dem Konfessionsstreit sein. Das ist übrigens genau der Sinn des biblischen Gleichnisses vom helfenden Samariter; der Samariter ist der konfessionelle Gegner des Juden, dem er hilft. Wenn aber die Neutralität in Gleichgültigkeit umschlägt, wenn sie nicht mehr sieht, daß es der Konfession — in welcher Verzerrung auch immer — um die Humanität selbst geht, so kann eine solche Neutralität unversehens ins Unrecht geraten. Die Neutralität kann ein Schutz der Herzensträgheit werden. Trägheit des Herzens aber bleibt nicht verborgen. Sie reduziert die Humanität, die sie üben will, auf eine nützliche und lobenswerte Spezialarbeit — z. B. eben Krankenpflege —, aber sie verliert schrittweise die überzeugende Kraft und damit den Grund ihrer Wirkung.

Wende ich diese Überlegungen auf die konkrete heutige Situation an, so will ich nur die zwei vorhin genannten Fragen der Denkweise der außereuropäischen Nationen und der Überwindung des Kriegs herausgreifen. Die Worte „konfessionell, weltanschaulich, ideologisch" passen sich sehr zweckmäßig der toleranten Denkweise des europäischen Liberalismus des 19. und 20. Jahrhunderts an. So mußte man zu Europäern der vergangenen hundert Jahre sprechen, um sie von der Glaubwürdigkeit der neutralen Haltung des Roten Kreuzes zu überzeugen. Nun liegt mir nichts ferner, als die Haltung der Liberalität, der Toleranz zu tadeln. Sie ist ein teuer errungenes Gut; wir werden sie auch in der Zukunft stets verteidigen müssen, indem wir sie überzeugend ausüben. Aber es ist uns, den Europäern und Nordamerikanern, oft nicht klar, wie sehr die Sprache unserer Liberalität den Angehörigen der nicht-industrialisierten Nationen im Ohr klingt als die Sprache der Ausbeutung, nämlich der Beschützung eines von ihnen als unmoralisch empfundenen Status quo. Wir werden in diesen Ländern nicht überzeugend auftreten können ohne intensive Beteiligung an den konstruktiven Aufgaben der nahen Zukunft, für welche die Abwehr der hereinbrechenden Hungerkatastrophe nur das größte Beispiel ist. Kampf gegen Leiden und Tod ist auch dies. Wie weit das Rote Kreuz als Organisation sich an dieser konstruktiven Arbeit beteiligen kann, vermag ich nicht abzuschätzen. Es muß mir heute genügen, dieses Beispiel für einen sehr weiten Fragenkomplex zu nennen.

Der zweite Gesichtspunkt ist, daß das fortschreitende Weltbewußtsein den Begriff der Neutralität nicht mehr verstehen wird, wenn er die Überwindung des Kriegs aus dem Bereich seiner Ziele ausschließt. Hier ist eine ausdrückliche Änderung der einstmals dem damaligen öffentlichen Bewußtsein angepaßten grundsätzlichen Haltung des Roten Kreuzes unvermeidlich. In der Tat hat die internationale Rotkreuz-Konferenz von Wien 1965 die Verhinderung bewaffneter Konflikte ausdrücklich in den Aufgabenkreis des Roten Kreuzes aufgenommen. Es fragt sich nunmehr, wie dieses Versprechen einzulösen ist. Das Prinzip der Neutralität des Roten Kreuzes darf dabei nicht verletzt werden. Der Beitrag, den das Rote Kreuz zur Kriegsverhinderung leisten kann, muß auf seiner international anerkannten, zuverlässigen Neutralität beruhen. Von neuem bietet sich hier das Bild des schmalen Grates an, auf dem wir gehen. Die Neutralität des Roten Kreuzes würde heute unglaubwürdig, wenn sie die Aufgabe der Kriegsverhinderung vernachlässigte, aber sie würde heute wie jederzeit unglaubwürdig, wenn sie in Parteinahme umschlüge.

In einer solchen Lage mögen Beispiele nützlicher sein als abstrakte Erwägungen. Ich beende meinen Vortrag, indem ich zwei Beispiele nenne.

In der Kubakrise übernahm das Internationale Komitee vom Roten Kreuz die Aufgabe der Inspektion der Kuba anlaufenden Schiffe auf Raketenfracht. Offensichtlich wurde ihm diese Aufgabe angeboten, weil es den Ruf fragloser Neutralität genoß, und es konnte sie nicht abweisen, da möglicherweise die Vermeidung eines Weltkriegs an ihr hing. Späterhin erwies sich in der Praxis die Einschaltung des Internationalen Komitees nicht als notwendig. Aber ähnliche Situationen könnten sich wiederholen.

Das zweite Beispiel: Von seiten des Deutschen Roten Kreuzes ist zur Konkretisierung des Beschlusses von Wien ein spezieller Vorschlag zur Diskussion gestellt worden. Im Falle eines drohenden oder ausgebrochenen Konflikts solle das Rote Kreuz verpflichtet sein, eine Kommission zusammenzurufen, bestehend aus den Präsidenten von fünf nationalen Gesellschaften vom Roten Kreuz, nämlich denen der beiden in Konflikt geratenen Nationen, von je einem einer der beiden Seiten befreundeten

Staat, und fünftens von einem völlig Neutralen. Diese Kommission hätte sowohl Möglichkeiten der Beilegung des Konfliktes zu prüfen, wie sich der Praxis der Fürsorgearbeit im Falle des ausgebrochenen Konflikts anzunehmen. Ob sie den Konflikt beilegen könnte, ist höchst zweifelhaft. Wenn es aber auch nur in einem einzigen Fall gelänge, so wäre damit viel geschehen; und schon die Koordination der Fürsorgearbeit stellt eine realisierbare, hinreichend konkrete Aufgabe. Vor allem würde bereits der Beschluß, solche Kommissionen grundsätzlich einzuberufen, dokumentieren, daß das Rote Kreuz die Überwindung des Krieges nicht aus seinem Aufgabenkreis verweist und daß neutrale Formen möglich sind, sich dieser Aufgabe anzunehmen.

Diese Beispiele sind unvollständig, und praktische Einzelvorschläge sind wohl nicht die Aufgabe, die mir für den heutigen Tag gestellt war. Es muß mir genügen, eine Forderung zur Diskussion zu stellen, der sich das Rote Kreuz meines Erachtens nicht wird entziehen können.

DAS ETHISCHE PROBLEM
DER MODERNEN STRATEGIE*

I. Einleitung

Das Thema dieses Vortrags wurde mir in der Formulierung „Die ethischen Probleme der modernen Strategie" als Aufgabe gestellt. Ich habe die Aufgabe übernommen, nachdem ich mich vergewissert hatte, daß die politischen Probleme in ihr mitgemeint waren; nur den Plural „die ethischen Probleme" habe ich in den Singular „das ethische Problem" verwandelt.

Wir können von General Beaufres Definition der Strategie ausgehen. Er versteht unter Strategie die Dialektik zweier Willen oder die Kunst, einen Willen einem anderen aufzuzwingen. Diese Definition führt alsbald zu einer Aufspaltung des ethischen Problems. Entweder wir akzeptieren das Dasein zweier einander widerstrebender Willen als gegeben und unabänderlich. Dann reduziert sich das ethische Problem auf die Frage, welche Mittel zur Durchsetzung eines Willens zulässig sind. Unter diesem Aspekt werden die ethischen Probleme der modernen Strategie meistens erörtert — wohl leider nicht allzu erfolgreich. Oder wir fragen uns, ob es nicht das wahrhaft ethische Problem ist, die Ausgangslage zu ändern und die beiden Willen miteinander zu versöhnen. Demnach wäre es die wahre Aufgabe eines sittlichen Verhaltens, gerade nicht den irrationalen Voluntarismus des täglichen Lebens und der täglichen Politik zu akzeptieren, nach dem streitende Willensabsichten unaufhebbare Tatsachen sind.

---

* Vortrag, gehalten in englischer Sprache in Oxford im September 1968 auf der Jahrestagung des Institute for Strategic Studies, London. Ich habe den englischen Text für diese deutsche Veröffentlichung ins Deutsche übersetzt. Das Thema der Tagung waren die grundsätzlichen Probleme der modernen Strategie.

Es gibt wenigstens zwei Denkweisen, die allen Grund hätten, diese zweite, kritische Haltung einzunehmen: Das Denken der Wissenschaft und das der Religion. In der Wissenschaft faßt man Meinungsunterschiede als die Folge unzureichender Einsicht auf. Einen Konflikt wissenschaftlicher Ansichten soll man auflösen, indem man die Wahrheit findet und anerkennt. Man braucht nicht Strategie, sondern nur Arithmetik, um einen Streit über die Frage zu entscheiden, ob 17 mal 19 gleich 323 sei. Freilich gehen die Konflikte des Alltags und der Politik nicht um wissenschaftliche Fragen; aber die wissenschaftliche Denkweise hofft, auch diese Konflikte auf Fragen zurückzuführen, über die man sich einigen kann, sobald man ernstlich nach der Wahrheit sucht. Diese Hoffnung erscheint mir wie eine säkularisierte Fassung des Glaubens aller großen Religionen und gewiß des Christentums an eine Wahrheit, in der menschliches Wollen zur Übereinstimmung kommen kann. Die Liebe zum Nächsten sollte am Ende seinen und meinen Willen im Willen Gottes vereinigen. Soweit die Welten der Politik und des Militärs Willensgegensätze als unabänderlich hinnehmen, sind sie vom Standpunkt der Wissenschaft her gesehen unaufgeklärt, von dem der Religion her unerlöst. Ein Sittenkodex, der nur zulässige von unzulässigen Mitteln des Zwangs unterscheidet, ist höchstens etwas Zweitbestes.

Dieses Zweitbeste ist aber aus offensichtlichen Gründen durch die ganze Menschheitsgeschichte hindurch der Bereich der militärischen Ethik gewesen. Daß ein Krieg beginnt, bedeutet bereits, daß die Versöhnung entweder nicht versucht wurde oder daß sie gescheitert ist. Es ist ein schwerer Fehler mancher Pazifisten, die Anstrengung und den Erfolg einer Ethik der Kriegführung verächtlich herabzusetzen. Bisher ist der Krieg eine unausrottbare Tatsache des menschlichen Lebens gewesen. Die Versuche vieler Jahrhunderte, den Krieg hinsichtlich seiner Rechtfertigung, seiner Ziele und seiner Mittel zu begrenzen, hatten großes sittliches Gewicht und haben der Menschheit viel Gutes getan. Es war eine große Aufgabe, den Krieg zu humanisieren, sei es nun durch die Tugenden der Ritterlichkeit oder durch die Haager und Genfer Konventionen. Daher könnte man, so scheint mir, einen sehr sinnvollen Vortrag über die ethischen Probleme der klassischen Strategie halten. Heute handelt es sich aber um die Ethik der modernen Strategie. Hier erweisen sich die klassischen Grundlagen als erschüttert.

Das zeigt sich schon in dem verallgemeinerten modernen Gebrauch des Worts „Strategie". Wir sprechen heute von der Strategie der Abschreckung, von der politischen Strategie, von der Strategie der Spiele; das hat dann Anlaß gegeben, den gemäß der älteren Sprechweise pleonastischen Ausdruck „Militärstrategie" zu prägen. Der französische Name der Abschreckungsstrategie „stratégie de dissuasion" legt den Gedanken einer Strategie der Persuasion, der überzeugenden Überredung, nahe. Der Gedanke der überzeugenden Überredung deutet nun aber an, daß ein Wille auf vernünftigem Wege geändert werden kann; dieser Gedanke verläßt die Irrationalität des Voluntarismus. Die so erweiterte Verwendung des Wortes Strategie ist sinnvoll. Sie entspringt unter anderem der gewaltigen Überredungskraft der modernen Waffentechnik, nämlich ihren selbstzerstörerischen Wirkungen. Unsere eigenen Errungenschaften im Bereich der Zerstörung zwingen uns zu dem Versuch, einander nicht einzuschüchtern, sondern zu überzeugen.

Schärfer zeigt sich die Erschütterung der klassischen Ethik der Strategie in jedem politischen Versuch, sie auf die heutige Wirklichkeit anzuwenden. Als Mitglied mehrerer kirchlicher Kommissionen über Atomwaffen, nationaler wie ökumenischer, habe ich viele Debatten über die ethische und theologische Zulässigkeit oder Unzulässigkeit dieser Waffen anhören müssen — Diskussionen, die, wie mir schien, ihr Ziel völlig verfehlten. Man kann ihre Ergebnisse in drei Behauptungen zusammenfassen: 1. Fast alle Teilnehmer an solchen Diskussionen pflegten der Meinung zu sein, Atomwaffen dürften nie benutzt werden. 2. Keine voll überzeugende ethische oder theologische Deduktion ist jemals geglückt, warum dieses Verbot gerade für Atomwaffen und nicht für konventionelle Waffen gelten sollte; die bloße Quantität der Wirkung, für die es eine kontinuierliche Skala gibt, bot kein klares ethisches Kriterium. 3. Niemand, mit der Ausnahme von Wunschdenkern, wußte, wie man diese gemeinsame Meinung in eine wirksame Regel umsetzen könnte, der die Atommächte selbst in Fällen gehorchen würden, in denen sie den Einsatz von

Atomwaffen als ihr vitales Interesse ansähen; dieser Teil der Debatten erinnerte mich an die Mäuseberatung: „wer hängt der Katze die Schelle um?" Ich wage es, jeden Zuhörer dieses Vortrags zu fragen, ob er aus solchen Debatten jemals besseren Rat empfangen hat.

Natürlich versuchte ich, mir die Gründe dieses Mißerfolges klarzumachen. Sie lagen nicht in mangelnder Ernsthaftigkeit oder mangelndem Sachverstand der Gesprächspartner. Ich sah mich zu dem Schluß genötigt, daß die Frage selbst — ob nämlich Atomwaffen zulässig seien oder nicht — falsch gestellt sei. Sie blieb im Rahmen der klassischen Kasuistik. Wenn man einen Krieg gewinnen will, sind dann Feuerwaffen, Dum-Dum-Geschosse, Giftgas, Luftangriffe oder eben schließlich Atomwaffen zulässige Mittel? Diese Liste bekannter geschichtlicher Beispiele zeigt doch wohl, daß alle die Waffen schließlich akzeptiert wurden, die sich als kriegsentscheidend erwiesen. Erfolgreiche Verbote beschränkten sich auf Waffen, die eine Kriegsentscheidung nicht zu erzwingen vermochten. So lehrt die Geschichte, daß ethische Barrieren gegen das Motiv dessen, was man als vitale Notwendigkeit ansah, nicht standgehalten haben, und daß erfolgreiche ethische Kasuistik auf Fragen zweiten Rangs beschränkt blieb. Heute haben wir allen Grund zu der Erwartung, daß man Atomwaffen einsetzen wird, sobald man dies für vital notwendig halten wird. Die Menschen, die diese Entscheidungen werden treffen müssen, können sehr wohl Menschen von hohem sittlichen Verantwortungsbewußtsein sein. Aber sie werden sich in einer objektiven Zwangslage finden. Daß ein Waffeneinsatz als vital notwendig erscheint, bedeutet gerade, daß der Verzicht auf ihn nicht den Verzicht auf ein mögliches Mittel zu einem Zwecke, sondern den Verzicht auf diesen Zweck bedeutet, der z. B. in der Bewahrung der Freiheit der eigenen Nation bestehen kann. Diese Tatsachen werden heute etwas verschleiert durch eine glückliche technische Sachlage, in der nicht leicht Situationen entstehen können, die einer der Mächte den Einsatz von Atomwaffen als zweckmäßig oder gar lebenswichtig erscheinen lassen würden. Technische Sachlagen aber können sich ändern.

Ethische Kasuistik, die Zwecke als gegeben hinnimmt und nur zulässige Mittel erörtert, wird das Problem der Atomwaffen nicht lösen. Entweder diese Waffen werden so allgemein in Gebrauch kommen wie einst die Feuerwaffen und neuerdings die Luftangriffe. Oder, falls die Überzeugung von ihrer Unzulässigkeit eine grundsätzliche Wahrheit enthält, muß die Verwerfung des Mittels die Verwerfung der nur mit ihm erreichbaren Zwecke bedeuten. Wir müßten dann lernen, unseren Willen nicht durchzusetzen, sondern zu ändern. Deshalb ist die ethische Frage vom ersten Rang im Atomzeitalter die Frage der zulässigen *Zwecke*. Nur wenn wir zu ihr eine feste Stellung gefunden haben, können wir die kasuistischen Fragen beantworten, vor die uns die bestehenden Tatsachen der Rüstungen und der begrenzten Kriege stellen.

II. Der Imperativ des Friedens

In diesem Kernstück meines Vortrags stelle ich einen leitenden ethischen Imperativ auf, an dem alle unsere politischen und strategischen Entscheidungen zu messen sind. Er lautet: Der politische Zustand der Welt muß grundlegend verwandelt werden, so daß eine in Wahrheit friedenbewahrende Ordnung entsteht. Dieser Imperativ handelt nicht von Mitteln, sondern von Zwecken. Ich vermag ihn nicht durch streng theoretische Schlußfolgerungen aus allgemeineren Prinzipien herzuleiten; und wenn ich das könnte, würde ich es wahrscheinlich doch nicht tun, sondern argumenta ad hominem vorziehen. Unsere ethischen Grundentscheidungen folgen nicht aus theoretischen Deduktionen. Sie drängen sich uns auf, wenn wir unsere Augen geöffnet und die Wirklichkeit gesehen haben. Ich versuche also nur, ein paar Tatsachen auszusprechen, die wir, wie ich meine, alle sehen.

Lassen Sie mich darum nicht mit einer analytischen These, sondern mit einer etwas finsteren Anekdote beginnen. Im zweiten Weltkrieg gehörte ich zu einer Gruppe deutscher Physiker, die über Atomenergie arbeitete. Wir hatten das Glück, zu entdecken, daß wir nicht imstande waren, während des Kriegs eine Bombe zu bauen, aber die ethischen und politischen Probleme, die die Bombe mit sich bringen würde, standen klar und bedrückend vor uns. Einmal, in der zweiten Kriegshälfte, gingen zwei oder drei von uns in Berlin durch die Straße „Unter den Linden", die man damals im Scherz auch „Unter den Laternen" nannte, da Hitler die großen alten Linden entfernt und durch unscheinbare junge Bäume und mächtige häßliche Laternenpfähle ersetzt hatte. Einer von uns sagte: „Ich habe die Laternen gezählt; sie reichen gerade, um alle Gauleiter und Kreisleiter daran aufzuknüpfen." Ein anderer erwiderte: „Ganz recht, aber nach dem nächsten Krieg hängt man die Physiker."

Man wird nicht nur die Physiker hängen. Ich wage die Behauptung: Nach einem totalen Atomkrieg, einerlei wie überzeugend die Gründe waren, ihn anzufangen — Selbstverteidigung, Rettung der Demokratie oder des Sozialismus ... — wird man keine Rechtfertigung dafür, daß er begonnen wurde, gelten lassen. Diese Behauptung ist nicht selbstverständlich. Ich erläutere sie, indem ich mögliche Einwände bespreche. Zwei Einwände liegen nahe:

1. Die Behauptung ist bedeutungslos, denn ein totaler Atomkrieg wird, wegen seiner bekannten zerstörenden Wirkung, nie geführt werden.

2. Die Behauptung ist falsch, denn ein Atomkrieg wird, sofern er überhaupt ausgefochten wird, nur begrenzte Wirkungen haben. Wie jeden Krieg werden ihn die Sieger überleben, und sie werden die Wertsetzungen der Zukunft durchsetzen, darunter ihre eigene Rechtfertigung.

Ich benütze die Möglichkeit jedes dieser beiden Einwände, um die Glaubwürdigkeit des anderen in Frage zu ziehen.

1. Haben wir Grund zu glauben, ein totaler Atomkrieg werde nie stattfinden? Der atomare Friede besteht jetzt seit 23 Jahren. In der Geschichte ist die Konkurrenz zwischen Hegemoniekandidaten im allgemeinen durch Krieg entschieden worden, aber die Friedenszeit vor der militärischen Entscheidung hat oft länger als ein Vierteljahrhundert gedauert. Und der selbstmörderische Charakter eines nuklearen Kriegs ist nicht gegen jeden Zweifel gesichert. Heute beruht er auf einer speziellen technischen Konstellation, die man als die Fähigkeit zum zweiten Schlag (second strike capability) beider Weltmächte bezeichnet. Die technische Entwicklung enthält in sich selbst aber keine Garantie fortdauernder Stabilität. Im vierten Abschnitt werde ich kurz das ABM-Problem erörtern. Was wissen wir ferner über

die Möglichkeiten der Stabilität in einem multilateralen „atomaren Klub"? Leider halte ich die Behauptung für wohlbegründet, daß der Gang der Entwicklung, rein technisch betrachtet, ebensowohl stabile wie unstabile Konstellationen mit sich bringen wird. Eine unstabile Konstellation wäre eine Lage, in der wenigstens eine der konkurrierenden Mächte es für vorteilhaft halten könnte, den Krieg zu beginnen. Da sich große technische Änderungen im Durchschnitt in einem Jahrzehnt vollziehen, fühle ich mich aus technischen Gründen heute nicht für mehr als ein Jahrzehnt vor dem großen Krieg sicher. Ich hoffe, daß ich mich damit irre; aber wenn ich mich geirrt habe, so erstreckt sich unsere Sicherheit vielleicht auf zwei oder drei Jahrzehnte, was für die notwendigen politischen Schritte noch immer eine sehr kurze Zeit ist. Die Folgerung scheint mir unausweichlich: Die Kriegstechnik stabilisiert sich nicht von selbst; der Friede bedarf einer politischen Stabilisierung.

2. Haben wir Grund zu glauben, ein Atomkrieg könne so begrenzt gehalten werden, daß er moralisch und politisch gerechtfertigt werden könnte? Hier müssen wir zurückfragen: wie begrenzt? Wir können mit einiger Zuversicht annehmen, daß er die Menschheit nicht ausrotten würde. Heutige Schätzungen sprechen von Verlusten um 50 % der Bevölkerungen der kriegführenden Länder. Große Antiraketensysteme könnten diese Zahlen erheblich reduzieren. Deutschland hat sich vom Verlust von 10 % seiner Bevölkerung und eines größeren Teils seiner Gebäude und seines Territoriums im zweiten Weltkrieg binnen 10 Jahren im Westen und binnen weniger als 20 Jahren, unter ungünstigen Umständen, im Osten erholt. Amerika und Rußland könnten sich vielleicht in 20 oder gewiß in 50 Jahren von einem Atomkrieg erholen. Aber alle diese leicht zu schätzenden Zahlen verbergen völlig das absolute Grauen des Vorgangs, wenn es je zu ihm käme. Dieser Atomblitz wird nie vergessen werden, solange die Menschen ihren Kindern Geschichte erzählen. Er wird das große Symbol für den Abgrund sein, in den uns die Verderbtheit des Menschenherzens einmal geführt hat. Ebenso tief werden sich die lang hingezogenen medizinischen Schrecken der Folgen radioaktiver Verseuchung dem Gedächtnis der Überlebenden eindrücken. Auch läßt sich keine rationale Schätzung

geben für die langfristigen politischen und sozialen Folgen eines plötzlichen Zusammenbruchs des interdependenten Gefüges des städtischen Lebens. Nach einer Zeit der Wirren mag ein solcher Krieg sehr wohl eine politische Union der Welt zur Folge haben, vermutlich eine ziemlich diktatorische. Diese Union würde es psychologisch nötig haben, sich auf eine feste und absolute Verurteilung derjenigen zu stützen, die diesen Krieg begonnen haben. Dabei mögen die, die ihn begonnen oder unvermeidlich gemacht haben, sogar zu der schließlich siegreichen Gruppe gehören, und dann werden sie gewiß zu den üblichen Lügen der Sieger über die Kriegsschuld ihre Zuflucht nehmen; und, wie es im Leben geht, mögen sie damit sogar eine Weile Erfolg haben. Trotzdem behaupte ich, fest und nicht-selbstverständlich, daß ein solcher Krieg keine Stabilisierung des nachfolgenden Friedens auf der Grundlage der Lügen der Sieger gestatten wird. Mein Grund für diese Meinung ist zum Teil die außerordentliche Symbolkraft der Ereignisse eines Atomkriegs; sie werden jedermann an die biblische Beschreibung der Ereignisse vor dem Jüngsten Gericht erinnern. Zum Teil liegt er in der Erwägung, daß die Lügen der Sieger stabil sein können, wenn die siegreiche Gruppe selbst nicht vital getroffen und folglich nicht zur eigenen Gewissensprüfung veranlaßt ist; das aber wird nicht die Lage sein.

Diese Überlegungen bieten keinen strengen Beweis; ich weiß gut, daß man viele andere „Szenarios" schreiben könnte. Trotzdem möchte ich der obigen Beschreibung einen hohen Wahrscheinlichkeitsgrad geben. Die Größenordnung der Zerstörungskraft der Waffensysteme wird vermutlich weiter wachsen und nicht abnehmen. Schutz gegen sie kann es nur durch hochtechnisierte Mittel geben. Jedes Versagen dieser Schutzmittel wird die Zerstörung zu ihrer „natürlichen" Größenordnung zurückkehren lassen. Die Geschichte ist voll von Beispielen des Versagens von Schutzmaßnahmen (Maginotlinie). Und Kriege ziehen sich oft in die Länge und bringen oft das größte Maß der Verwüstung in ihrer letzten Phase.

So kehre ich zur Behauptung zurück: Keine Rechtfertigung dafür, einen totalen Atomkrieg begonnen zu haben, wird nach diesem Krieg mehr anerkannt werden. Das aber bedeutet, so scheint mir: Keine Rechtfertigung, ihn zu beginnen, ist heute zulässig. Andererseits schließt der heutige politische Zustand der Welt angesichts der Entwicklungsaussichten der Technik die Möglichkeit eines solchen Kriegs während des verbleibenden Teils unseres Jahrhunderts keineswegs aus. Hieraus muß ich folgern: Der politische Zustand der Welt muß grundlegend verwandelt werden, so daß eine in Wahrheit friedenbewahrende Ordnung entsteht.

III. Herstellung des Friedens

Der Sinn des Imperativs des Friedens wird erst durch zwei Erläuterungen deutlich. Erstens: die Weltlage, auf die er sich bezieht, hat keinen historischen Präzedenzfall. Zweitens: trotz vieler Beteuerungen und einiger ernsthafter Bemühungen steht die Praxis der heutigen Weltpolitik in striktem Gegensatz zu diesem Imperativ.

Unsere Weltlage hat keinen historischen Präzedenzfall. Zu keiner früheren Zeit war ein mit allen verfügbaren Waffen geführter Krieg selbstzerstörerisch im oben beschriebenen Sinne. Daher hat man die Friedensbewahrung im allgemeinen als einen bedingten und nicht als leitenden Imperativ verstanden. Unsere meisten politischen Gewohnheiten haben sich unter jenen früheren Lebensbedingungen geformt; sie setzen die Bewahrung des Weltfriedens nicht als einen höchsten Wert voraus. Also ist es eine ethische Forderung vom ersten Rang, daß wir alle diese Gewohnheiten ändern.

Es ist keineswegs überraschend, daß die politische Praxis der heutigen Welt dem Friedensimperativ nicht entspricht. Die heutige Welt ist nicht besonders schlecht, aber sie hat ihre Lektion nicht schnell genug gelernt. Ich zweifle, ob sie sie schnell genug lernen wird. Aber das ist im Augenblick nicht unsere Frage. Die Frage ist: worin besteht die Lektion, die wir lernen sollen? Welchen praktischen Sinn hat der Friedensimperativ?

Ein ethischer Imperativ ist kein politisches Rezept. Lassen Sie mich Kants kategorischen Imperativ als strukturelles Beispiel benutzen. „Handle so, daß die Maxime deines Willens jederzeit zugleich als Prinzip einer allgemeinen Gesetzgebung gelten könne." Was jeweils als Prinzip einer allgemeinen Gesetzgebung gelten kann, hängt vom Bereich der Handlungen ab und kann selbst von besonderen Umständen abhängen. Aber niemals sollen wir uns eine Handlung erlauben, die einer Maxime entspricht, welche, zum Prinzip der Gesetzgebung verallgemeinert, unhaltbar wäre. Das ist genau unsere heutige Lage. Wie mein politisches Handeln zur Stabilisierung eines dauernden Friedens beitragen oder wenigstens dieses Ziel nicht gefährden kann, das kann ich nur in der besonderen Situation erkennen; aber jede politische Handlung ist jedenfalls an diesem Prinzip zu messen.

Der Imperativ fordert nicht die Bewahrung des heutigen Weltzustands, sondern seine aktive Veränderung. Er fordert uns nicht auf, den Frieden zu bewahren, denn was wir heute besitzen, ist nicht der Friede im Sinne des Imperativs; er fordert uns auf, den Frieden herzustellen. Ich formuliere noch einmal das Argument, das zu dieser zentralen Behauptung führt. Technisches Können wird unser Leben begleiten, es wird sich in unvorhersehbarer Weise entwickeln. Es stabilisiert seinen Lebensraum nicht von selbst. Also muß eine politische Struktur der Welt gestaltet werden, die, im Sinne der Vermeidung des großen Kriegs, für eine nicht vorweg beschränkte Zeit unter wechselnden Technologien stabil ist, während sie gleichzeitig ohne Zweifel große und unvorhersehbare innere politische und soziale Änderungen wird zulassen müssen. Nichts, was hinter dieser Forderung zurückbleibt, wird die Lebensbedingungen der heutigen und der kommenden Welt erfüllen.

Ich möchte ein paar politische Vermutungen wagen. Die Geschichte bietet uns nur eine Struktur an, die eine Leistung, ähnlich der hier geforderten, vollbracht hat. Es ist der einheitliche Staat, sei es nun als Stadtstaat, als Nation oder als Imperium. Die Aufgabe ist, nicht die Konflikte zu eliminieren — eine unmögliche Aufgabe —, aber eine bestimmte Form ihres Austrags zu eliminieren, nämlich den organisierten Krieg großer Gruppen. Im einheitlichen Staat wird dies erreicht durch ein Staatsmonopol für den Besitz einer organisierten Armee. Dies setzt die Gefahr eines inneren Kriegs weit herab. Sehr viel delikater ist die Frage, wie unter einem solchen Monopol Freiheit zu bewahren ist.

Föderative Struktur und Demokratie sind bisher die besten Annäherungen an dieses Ziel. Menschen, welche die Notwendigkeit des Weltfriedens einsehen, werden so leicht zum Gedanken eines Weltstaats geführt.

Trotzdem trifft dieser Gedanke auf schwerwiegende Einwände. Der Weltstaat — so wird dann gesagt — ist nicht erreichbar; und wenn er erreicht würde, so wäre er eine Tyrannis. Also scheint er entweder nicht möglich oder nicht wünschenswert zu sein. Andere Mittel zur Friedenserhaltung werden vorgeschlagen, die weniger anspruchsvoll und zugleich wünschenswerter erscheinen: ein Blocksystem, Polyzentrismus, ökonomische Querverbindungen und die Vereinten Nationen. Einige dieser Strukturen sind gewiß wünschenswerter; ihre Schwäche ist, meines Erachtens, daß sie weniger anspruchsvoll sind. Sie sind erreichbar, aber sie garantieren keinen hinreichend stabilen Frieden. Ich möchte den Gedanken des Weltstaats nicht im Sinne eines Ziels, sondern eines Kriteriums vortragen: den Weltfrieden zu stabilisieren ist ein wenigstens so schwieriges und wenigstens so anspruchsvolles Unternehmen wie es die Schaffung eines Weltstaates wäre. Es ist eine Herausforderung an unsere politische Erfindungsgabe, daß wir uns eine bessere Lösung des Problems einfallen lassen, als es der Weltstaat wäre.

Diese Herausforderung muß eng mit anderen unausweichlichen Aufgaben einer aktiven Veränderung der Welt verknüpft werden. Ich nenne nur eine von ihnen als ein typisches Beispiel: die Entwicklung ökonomisch unterentwickelter Gebiete in Verbindung mit dem Kampf gegen die in vielen von ihnen drohende Hungerkatastrophe. Die Verknüpfung zwischen solchen Aufgaben und der Errichtung einer friedensbewahrenden Struktur ist ganz natürlich. Die Probleme, die wir dabei lösen müssen, haben ihren Ursprung stets in den Instabilitäten, die den sozialen und politischen Folgen des Wachstums von Wissenschaft und Technik anhaften. Die Mittel zu ihrer Lösung setzen voraus oder umfassen die Schaffung einer hinreichend stabilen politischen Struktur. Sehr allgemein könnte man sagen: Wissenschaft und Technik haben Probleme und Verantwortlichkeiten erzeugt, die nur im Weltrahmen behandelt werden können. Wir müssen hoffen, daß gerade diese Verantwortungen uns helfen werden, hinreichend klar die Strukturen zu umreißen, die wir schaffen müssen, um sie zu tragen. Herstellung des Friedens ist nur eine unter unseren Aufgaben. Sie hat aber gleichsam einen leitenden Charakter unter den Aufgaben der heutigen Welt, denn ein Scheitern in ihr wäre das zerstörerischste mögliche Versagen. In diesem Sinne hat unsere Zeit ein wohlbestimmtes politisches Ziel, das zu wählen oder zu verwerfen ihr nicht freisteht, das der Mann auf der Straße genau verstehen kann, und das zu erreichen wir nicht gewiß sind. Deshalb werden alle unsere politischen Erfolge letzten Endes an ihm gemessen werden.

III a. Zwischenbemerkung

Zwischen der ersten und der zweite Hälfte dieses Vortrags klafft eine tiefe Lücke; die Zwischenbemerkung soll diese Lücke sichtbar markieren. Ich müßte nunmehr sagen, *wie* der Friede herzustellen ist. Ich versuche das hier nicht und kehre nur im letzten Kapitel zu dieser Frage zurück. Die Frage ist für einen Vortrag über das hier gestellte Thema zu schwer.

IV. Bewahrung des Friedens

Von der Herstellung des Friedens im September 1968 zu sprechen, mag aufs höchste unrealistisch scheinen; vielleicht ist es das. Statt einer aktiven Umkonstruktion der internationalen Beziehungen, die zur gemeinsamen Lösung gemeinsamer Aufgaben, einer stetigen Verminderung imperialer Souveränitäten und dem Wachstum einer „Weltinnenpolitik" führen könnte — statt all dessen mag uns die Zukunft ein Fortschwelen des Streits der Blöcke und lokaler Gewaltübung oder sogar eine Neubelebung des kalten Krieges bringen. Um realistisch zu sein, müssen wir überlegen, welche tatsächliche Linie des Handelns möglich ist in einer Welt, die für die notwendige Veränderung nicht bereit ist. So werden wir in das klassische Gebiet der kasuistischen Ethik zurückgeführt, die ich zu Anfang als etwas Zweitbestes gekennzeichnet habe. Was kann eine Regierung, eine Gruppe oder ein einzelner in einer Welt tun, in der die absolut notwendigen Schritte zur Herstellung des Friedens nicht getan werden?

Als erstes Thema werde ich das behandeln, was man Bewahrung des Friedens nennen kann. Hier trägt das Wort „Friede" eine andere Bedeutung als im Ausdruck „Herstellung des Friedens". Der herzustellende Friede wäre eine offensichtlich stabile, selbstbewahrende politische Struktur. Der heutige Friede, den wir wenigstens bewahren möchten, ist nicht mehr als ein Waffenstillstand, ein delikates Gleichgewicht der Mächte. Um den Frieden herzustellen, müßten wir Architekten sein; leider haben wir keinen Bauherrn gefunden, der von unserer Kunst Gebrauch macht. Um den Frieden zu bewahren, müssen wir Seiltänzer sein.

In der Rede von der Friedensbewahrung werde ich den Sinn des Worts „Friede" außerdem zu „Abwesenheit des totalen Kriegs" verengen. Ein Friede, der „Abwesenheit von lokalem oder begrenztem Krieg" bedeutet, mag lokal bewahrt werden, und dieser Aufgabe gilt das nächste Kapitel; global können wir ihn nicht bewahren, denn global besteht er heute nicht.

Abwesenheit des totalen Kriegs läßt sich auch als Nichtgebrauch der großen „strategischen" Waffen beschreiben. Nun erzählt man uns manchmal in populärer Sprache, der einzige Zweck dieser Waffen sei, zu verhindern, daß sie jemals benutzt werden. Der Adressat dieses Paradoxons, der bekannte „Mann auf der Straße" könnte antworten, das Ergebnis wäre noch zuverlässiger zu erzielen, wenn die Welt keine derartigen Waffen besäße. Aber ich gestehe, daß ich gegenüber der Abrüstung sehr skeptisch bin. Sie ist dort erfolgreich, wo die Gegner die abzubauende Rüstung nicht als vital ansehen. So ist Abrüstung eher eine Folge von Entspannung als umgekehrt. Sogenannte Realisten meinen gewöhnlich, die Abrüstung sei zum Scheitern verurteilt, weil sie ein zu anspruchsvolles Unternehmen sei. Man kann ebensogut sagen, sie scheitere, weil sie nicht anspruchsvoll genug ist. Wir können nicht ein politisches System aufrechterhalten, das nach Waffen verlangt, und ihm zugleich die zu seinem Funktionieren nötigen Waffen verweigern. In dieser Lage ist das heutige System eines beinahe gesicherten Friedens, bewahrt durch die „second strike capabilities" der beiden Supermächte, eine sehr intelligente Näherungslösung eines Problems, das keine exakte Lösung zuläßt mit Ausnahme der radikalen Lösung, von der ich in der ersten Hälfte des Vortrags sprach. Die Erfinder dieser Näherungslösung verdienen, so meine ich, unsere ethische Hochachtung.

Die Näherungslösung ist genähert und nicht exakt, genau weil sie nicht von Natur stabil ist. Alles, was wir zu ihrer Stabilisierung tun können, ist wieder etwas Zweitbestes, worum wir uns mit all unserer Kraft bemühen müssen, solange nichts Besseres anzubieten ist. Der Nichtverbreitungsvertrag für Kernwaffen scheint zu diesem Ziel beizutragen; so halte ich ihn, trotz seiner bekannten Schwierigkeiten, für einen Schritt vorwärts. Ich wage hier eine persönliche Ansicht vorzubringen, die von einigen, aber sicher nicht von allen Analytikern geteilt wird, nämlich, daß es viel wichtiger — vielleicht lebenswichtig — ist, einen ABM-Rüstungswettlauf zu vermeiden. Es gibt viele Abschätzungen des Einflusses großer Antiraketen-Systeme auf die Glaubwürdigkeit der Abschreckung. Ich stütze mich auf eine neue Schätzung in einer Studie meiner Mitarbeiter H. Afheldt und Ph. Sonntag, die, wie ich hoffe, bald publiziert werden wird. Aus diesen Schätzungen folgere ich vor allem, daß die Glaubwürdigkeit der Abschreckung sehr empfindlich von den Wahrscheinlichkeiten abhängt, mit denen die Geschosse ihre Ziele (sei es Bodenziele, sei es andere Geschosse) treffen und zerstören. Diese Tatsache erklärt sehr einfach, warum weit voneinander abweichende Schätzungen der Wirkungen von Antiraketen in den letzten Jahren veröffentlicht worden sind. Sie besagt aber m. E. auch, daß wir zum mindesten keinerlei Gewißheit haben, daß die Antiraketen nicht das gegenwärtige Gleichgewicht zerstören werden; d. h. daß sie nicht (denn so schwach ist die politische Ordnung der Welt) die sicherste bestehende Grundlage des Weltfriedens zerstören werden. Jede mögliche Anstrengung muß, so scheint mir, gemacht werden, damit die für die Rüstungspolitik Verantwortlichen in allen größeren Ländern diese Gefahr verstehen.

Hier begegnen wir einer sehr wichtigen psychologischen Tatsache. Jeder von uns hat einige recht intelligente Generäle, Politiker und vielleicht auch Wissenschaftler getroffen, die einfach unfähig waren, zu verstehen, worin hier die Gefahr liegt. Ich spreche nicht von denen, die vielleicht sogar eine Mehrheit im Hörerkreis dieses Vortrags sind, die mit mir über Quantitäten uneinig sind; z. B. jene, die sagen, große ABM-Systeme würden niemals effektiv wirksam und folglich a fortiori nicht gefährlich sein. Das ist ein sinnvolles Diskussionsthema. Ich spreche vielmehr von der Ansicht, daß Antiraketen ja doch Verteidigungswaffen sind und folglich nur nützlich sein können, da sie Leben schützen und nicht zerstören werden. Auf diese primitive Reaktion wird der mathematisch geschulte Wissenschaftler natürlich antworten, daß der absolute Erwartungswert der Anzahl der Todesopfer eines Kriegs sich berechnet aus dem bedingten Erwartungswert der Anzahl der Opfer, unter der Bedingung, daß ein Krieg stattfindet, multipliziert mit der Wahrscheinlichkeit für einen solchen Krieg. Falls wir uns, unter dem Gefühl des Schutzes durch Antiraketen, leichter zu einem Krieg entschließen, so kann die Wahrscheinlichkeit des Kriegs leicht um einen Faktor 10 oder mehr ansteigen und damit die Abnahme des bedingten Erwartungswerts der Anzahl der Opfer im Falle des Kriegs weit überkompensieren.

Aber — und das ist meine psychologische Bemerkung — ein derartiges Argument bedarf einer Abstraktionsstufe, die in der Menschheit nicht sehr verbreitet ist. Hier treffen wir auf eine wesentliche Schwäche, und ich würde sagen eine ethische Schwäche, all unserer kaltblütigen modernen Strategie. Ich befürworte und benutze selbst die mathematischen Schätzungen von Wahrscheinlichkeiten. Aber ich benütze sie als etwas Zweitbestes. Sie sind der rationalste Ausdruck der Gedanken der Abschreckungsstrategie. Der normale Mensch ist aber nicht dazu zu bringen, daß er seinen eigenen Tod wie eine Quantität in einem Wahrscheinlichkeitsspiel ansieht, und er hat recht damit. Vielleicht kann er sich nicht konsistent ausdrücken, aber er empfindet, daß, was wir durch diese Art von Abschreckung beschützen, noch nicht der Friede, sondern ein gefährdeter, ungewisser Waffenstillstand ist. Vielleicht vermag er nicht einmal weit genug zu denken und vertraut sich einer Scheinverteidigung an, die riskanter ist als gar kein Schutz, einer Maginotlinie, einem ABM-Schild. Trotzdem hat er, in all seinen bemitleidenswerten Argumentationsfehlern, den Imperativ des Friedens besser verstanden als viele von uns. Für unsere Zukunft ist es lebenswichtig, einzusehen, daß das, was wir heute bewahren, noch nicht der Friede ist.

V. Begrenzter Krieg

Der begrenzte Krieg ist eine Tatsache unserer Zeit. Es gibt keine so zwingenden Gründe, ihn zu vermeiden, wie den totalen Krieg. Infolgedessen sind in allen vergangenen 23 Jahren begrenzte Kriege ausgefochten worden. Zwei ethische Probleme melden sich: Können wir mit Aussicht auf Erfolg streben, die begrenzten Kriege, abzuschaffen? Und: Wie sollen wir uns in ihnen verhalten?

Es besteht sehr wenig Hoffnung, die begrenzten Kriege überhaupt abzuschaffen, solange keine umfassende Friedensstruktur der Welt besteht, und vielleicht sogar wenn sie besteht. Ein gewisser Grad der Gewalt wird innerhalb vieler Nationalstaaten geübt und wird in der Welt geübt werden, soweit wir vorhersehen können. Trotzdem betrachtet man, wie mir scheint, schon heute einen begrenzten Krieg nicht mehr als das normale, wenngleich bedauerliche Vorkommnis, das er in früheren Jahrhunderten war. Die öffentliche Meinung in der Welt sieht Krieg oder militärische Okkupation, sei es nun in Vietnam, der Tschechoslowakei, Palästina oder Biafra, als eine Anomalie an, die beendet werden müßte. Die öffentliche Meinung drückt hier in hilfloser Weise ein richtiges Empfinden aus. Sie reagiert zuerst und zu Recht auf die Verletzung von Leben, Unabhängigkeit und Freiheit. Aber sie spürt auch den Zusammenhang aller Ereignisse auf der Welt und damit die Gefahr, daß irgendeiner dieser Konflikte einen Krieg auslösen könnte, der nicht mehr begrenzt wäre. Diese Gefahr mag de facto in allen vergangenen Fällen gering gewesen sein. Aber wie steht es, wenn wir eine Gefahr von einem halben Prozent zweihundertmal auf uns nehmen, oder wenn sich die Hemmungen gegen einen totalen Krieg für eine Weile vermindern?

Diese Bemerkungen wenden sich gegen eine ziemlich primitive Ansicht, die gleichwohl, wie ich fürchte, das halbbewußte Leitprinzip der meisten unserer politischen Reaktionen ist, wo immer wir einen begrenzten Krieg entweder als unseren Interessen förderlich ansehen oder als weit genug entfernt, um unseren Interessen nicht zu schaden. Diese Ansicht könnte so formuliert werden: Zum totalen Atomkrieg wird es nicht kommen, und begrenzte Kriege muß es geben, wie es sie immer in der Geschichte gegeben hat. Wer so denkt, sieht nicht den Zusammenhang aller Ereignisse und den Mangel an Stabilität in einer Welt wechselnder Technologien und stetig variierender Größenordnungen möglicher Konflikte. Sollte der totale Krieg je ausbrechen, so wird er wahrscheinlich das Ergebnis der Eskalation eines begrenzten Konflikts sein.

Das ist keine tiefschürfende Erkenntnis, führt uns aber weiter zu einem anderen Problem. Es ist nicht immer möglich, begrenzte Konflikte anders als durch Gewaltanwendung zu verhindern oder zu beenden. Selbst innerhalb stabiler Nationalstaaten braucht man eine Polizei. Die begrenzten Kriege, die wir in den letzten zwei Jahrzehnten erlebt haben, entstanden entweder weil niemand als Polizist auftrat oder weil jemand als Polizist auftrat. Die Frage, wer als Polizist auftreten solle, ist so ungelöst, wie sie es sein muß in einer Welt, der die Herstellung des Friedens noch nicht gelungen ist. Es würde mir schwerfallen, an dieser Stelle den Ausdruck meiner persönlichen Vorlieben zu unterdrücken. Als demokratischer Mitteleuropäer ziehe ich die Vereinigten Staaten in der Rolle des Polizisten ums Hundertfache der Sowjetunion vor; als Gegner selbsternannter Polizisten würde ich die Vereinten Nationen in dieser Rolle den Vereinigten Staaten ums Tausendfache vorziehen. Aber eine hinreichende Polizeimacht der Vereinten Nationen (vgl. Clark und Sohn, Weltfriede durch ein neues Weltrecht) ist heute jenseits unserer Reichweite, und die Großmächte werden fortfahren, in gewissen Fällen als Polizisten aufzutreten. Nach welcher politischen Ethik haben wir solche Handlungen zu beurteilen?

Offensichtlich sollten allgemein anerkannte Prinzipien wie das Recht der Selbstbestimmung angewandt werden, wo immer das möglich ist. Aber wir alle wissen, daß die Parteien in einem Konflikt gewöhnlich diese Regeln verschieden auslegen. Welche ethischen Kriterien — im Unterschied zu positiven juristischen Normen und zu bloßen Zweckmäßigkeitserwägungen — werden uns bei unseren Urteilen unterstützen? Ich glaube, wir im Westen sollten einsehen, daß die Errichtung einer repräsentativen Demokratie nicht per se ein ethisches Kriterium ist, es sei denn eine Majorität in der betreffenden Nation sehe ein, daß sie ein brauchbares Mittel ist, um einige unserer höchsten staatsbürgerlichen Werte zu schützen. Wir sollten auch einsehen, daß der ethische Imperativ des Friedens und die daraus folgende Ethik einer aktiven Veränderung der Welt in der heutigen Menschheit sehr viel leichter verstanden wird. Hier liegt der Grund des ideologischen Erfolgs, den der Marxismus gegenüber der westlichen Demokratie überall dort erringt, wo die Notwendigkeit fundamentaler Änderungen entschieden gespürt wird, sei es in den Entwicklungsländern oder bei unseren rebellierenden Studenten. Die ethische Schwäche eines großen Teils der marxistischen Praxis liegt jedoch in ihrer Ansicht, daß „fortschrittliche Kräfte" Handlungen begehen dürfen, die verbrecherisch wären, wenn Reaktionäre sie begingen. Hier wird eine tiefe Einsicht in die soziale und ökonomische Bedingtheit ethischer Regeln pervertiert, um Handlungen zu rechtfertigen, die Verbrechen bleiben, wer immer sie begeht. Dies ist ein Rückfall unter die ethische Stufe, die in den Prinzipien der klassischen Demokratie erreicht ist. Aber demokratische Nationen werden von denen, die Demokratie lernen sollen, nach ihren sichtbaren Handlungen beurteilt und nicht nach ihren theoretischen Prinzipien oder auch nur nach ihren inneren Zuständen. Wer all dies in Betracht zieht, sollte wohl sehr zurückhaltend werden in seiner Neigung als Polizist aufzutreten; er muß ja wissen, daß die Möglichkeit eines Weltfriedens auf der Fähigkeit der Völker beruht, den Prinzipien, auf denen er errichtet werden soll, aufrichtig zuzustimmen.

Das führt uns zur zweiten Frage, der Frage nach den Verhaltensgrundsätzen in einem stattfindenden begrenzten Krieg. Ich fürchte hier selbstverständliche und doch nicht genug anerkannte Tatsachen zu wiederholen. Begrenzte Kriege in unserer Zeit sind grundsätzlich klassische Kriege, und die klassische Kriegsethik gilt für sie. Neutralität und freier Zugang für das Rote Kreuz, Schutz der Zivilisten und der Gefangenen, Beschränkung der Kriegshandlungen auf Kombattanten, all dies sind fest begründete Regeln. Die öffentliche Meinung in der Welt kennt sie und ist heute meist gut darüber informiert, wo sie verletzt werden. Es ist wahr, daß die Guerilla-Kriegführung genau diese Schutzregeln als Schirm für ihre eigenen Kriegshandlungen gebraucht. Ich bin außerstande, strenge kasuistische Vorschläge vorzubringen über den Grad, in dem eine Anti-Guerilla-Kriegführung deshalb ihre Einhaltung der klassischen Regeln lockern darf. Ich kann nur die Überzeugung aussprechen, daß sich eine solche Lockerung der Regeln nicht lohnt, sobald sie über völlig offensichtliche militärische Notwendigkeit hinausgeht. Verletzung der geltenden Regeln mag sich für einen kleinen Spitzbuben auszahlen, dem es glückt, damit durchzukommen und so eine vorübergehende lokale Herrschaft zu errichten. Aber: quod licet bovi non licet Jovi. Ich bin überzeugt, daß sich dieselben Verletzungen nicht auszahlen, wenn eine Weltmacht sie begeht, die ein Prinzip verkörpern will, auf das sie ein politisches Friedenssystem für die Welt zu gründen hofft. Ich habe im zweiten Weltkrieg in deutschen Städten gelebt und habe gesehen, welche Kraft dem schon vergehenden Nimbus des nationalsozialistischen Regimes noch einmal zufloß aus der Reaktion der Menschen in diesen Städten auf die alliierten Luftangriffe.

Ich beende dieses Kapitel mit dem Geständnis, daß seine Abfassung so unbefriedigend ist wie es ist, in einer Kirche zu predigen, in der die Verbrechen gar nicht begangen werden und in der alle Anwesenden es leicht haben, den guten Grundsätzen der Predigt zuzustimmen. Der Prediger selbst wird — oder sollte — sich unter solchen Umständen selbst am schuldigsten fühlen. Der Grundgedanke, den ich hervorheben wollte, ist jedenfalls, daß man heute mit Recht begrenzte Kriege nicht nur nach der klassischen Kriegsethik, sondern nach dem Imperativ der Herstellung eines Weltfriedens beurteilt.

VI. Ziviler Ungehorsam und Verzicht auf Widerstand

Gewaltlose Aktion hat ihre eigene Strategie, die man unter den Begriff moderner Strategie mit aufnehmen muß. Die wachsende, alldurchdringende Macht der Verwaltung und Technokratie verengt den Bereich, in dem die militärische Aktion eine Erfolgschance hat. Industrielle Gebiete werden auf Formen zivilen

Widerstands eingeschränkt sowohl gegen ihre heimischen Herrscher wie gegen militärisch überlegene äußere Eindringlinge. Falls wir eine zukünftige Friedensstruktur in der Vision eines Weltstaats ausmalen, so verschwindet in diesem Bilde selbst die Emigration als letzte Zuflucht für die Unterdrückten. Es ist anzunehmen, daß der zivile Widerstand ständig an Bedeutung zunehmen wird.

Anders als die militärische Strategie hat die Strategie der Gewaltlosigkeit ihren eigentlichen Ursprung in einem ethischen Prinzip. Deshalb wird sie nicht wirklich getroffen von dem selbstverständlichen Einwand, daß es Situationen gibt, in denen sie keinen Erfolg verspricht. Ich werde die Ethik der Gewaltlosigkeit hier nicht entwickeln, aber ich wäre unernst gewesen, wenn ich sie nicht genannt hätte. Gandhi zu lesen ist auch heute noch im höchsten Grade der Mühe wert.

Es gibt aber ein ethisches Problem, das in meinem Lande so wie anderswo viel Diskussion veranlaßt hat, in dem wir die zwei Prinzipien des militärischen und gewaltlosen Verhaltens vergleichen müssen, nämlich die Kriegsdienstverweigerung aus Gewissensgründen. In den meisten westlichen und einigen kommunistischen Ländern ist Kriegsdienstverweigerung aus Gewissensgründen im Grundsatz anerkannt. Diese Tatsache selbst bringt junge Menschen oft vor eine schwierige ethische Wahl, in der es dem Professor geschehen kann, zum Konfessor zu werden. In solchen Fällen ist es mir notwendig aber nicht hinreichend erschienen, zu sagen, daß jede Wahl Achtung verdient, die ein Mensch nach ernsthafter Gewissensprüfung trifft. Es gibt starke Argumente für beide Seiten, deren jede einen bemerkenswerten Gebrauch von Kants kategorischem Imperativ macht. Der Verteidiger des Militärdiensts wird dem Verweigerer sagen: „Wenn ihr alle den Militärdienst verweigern wolltet, so wäre der freie Staat, in dem ihr das dürft, ohne Verteidigung. Ihr weigert euch, das Korn mitzubauen, von dem ihr essen wollt." Der Verweigerer kann antworten: „Würden alle jungen Leute in allen Nationen den Militärdienst verweigern, so wäre keine Verteidigung der Freiheit nötig. Ihr erzeugt selbst durch eure Furcht die Situation, die ihr fürchtet."

Wenn mich meine Studenten in dieses Dilemma brachten, versuchte ich zu antworten, sie sollten nicht auf eine kasuistische Moral hoffen, die ihnen mitteilen würde, welche der beiden Seiten recht habe, sondern sie sollten ihre eigene Wahl an dem Beitrag messen, den sie (wenn ihr andere Handlungen sachgemäß folgten) zur Errichtung der notwendigen Friedensstruktur liefern werde. Dieser Rat führt unweigerlich in detaillierte Erwägungen möglichen politischen Handelns, und dahin sollten uns ethische Überlegungen über Strategie und Frieden ja wohl auch führen.

VII. Schlußbemerkungen

Ich möchte nicht eine Kohärenz meiner Überlegungen fingieren, die tatsächlich nicht besteht. Ich möchte ihre Inkonsistenzen lieber ganz deutlich machen; denn ich glaube, sie spiegeln die Inkonsistenzen der heutigen Welt. Ich habe diesen Vortrag unter dem frischen Eindruck der Okkupation der Tschechoslowakei niedergeschrieben. In dieser Lage war ich außerstande, meiner Darstellung den ermutigenden Ton zu geben, den sie gebraucht hätte, um konsistent zu werden.

Meine Deduktion in den Kapiteln I, II und III halte ich für konsistent. D. h.: wir haben keinen anderen Weg als die Herstellung des Friedens; jede Handlungsweise, die dieses leitende Prinzip außer acht läßt, ist ethisch schlechthin zu verurteilen und wird sich auf die lange Sicht auch pragmatisch als selbstzerstörend erweisen. Der nächste Schritt hätte eine Erläuterung dieses Ziels durch Beschreibung des Wegs zu ihm sein müssen; ein mögliches ermutigendes Programm der Herstellung des Friedens. Ein solches Programm kann man im Prinzip entwerfen, und vielleicht ist die Arbeit an ihm die einzige lohnende Aufgabe für einen politischen Denker in unserer Zeit. Das habe ich hier unterlassen und bin statt dessen sofort zur „Bewahrung des Friedens" übergegangen. An die Stelle des positiven Programms traten ein paar pessimistische Bemerkungen in den ersten Sätzen des Abschnitts IV. Diese Gestalt meines Vortrags spiegelt mein aufrichtiges Urteil über die heutige Weltlage, und zwar um so deutlicher als ich nicht die Absicht hatte, pessimistisch zu sprechen; der Pessimismus schimmert einfach durch die Löcher der

Wände meines Bauwerks. Alle meine Überlegungen zur kasuistischen Ethik der Friedensbewahrung, zum begrenzten Krieg und
zur Gewaltlosigkeit tragen das Stigma des Empfindens: „und
wenn wir alle diese Gebote erfüllt haben, so haben wir das Eine,
was nottut, nicht getan." Wenigstens sollten die Zuhörer diese
Tatsache sehen.
Aber es ist ethisch unerlaubt, in pessimistischer Untätigkeit zu
verharren. Für menschliches Verhalten grundlegend ist es, daß
wir die Zukunft nicht kennen. Keine wissenschaftliche Prognostik
wird die Ungewißheit des Zukünftigen soweit einschränken, daß
kein Spielraum des Handelns mehr bliebe. Selbst wenn wir
überzeugt wären, daß der Weltkrieg unvermeidbar sei, müßten
wir vor seinem Ausbruch irgendwie handeln, und selbst wenn
er wie vorhergesagt ausbräche, werden einige vorhergetane Taten
für die Zeit nach ihm von größter Bedeutung sein. Die Notwendigkeit, hungernden Nationen zur Begrenzung ihres Bevöl-
kerungswachstums und zur selbständigen Ernährung durch
landwirtschaftliche, industrielle, erzieherische und soziale Entwicklung zu helfen — diese Notwendigkeit wird uns, wenn wir
sie verstehen, zu Handlungen bewegen, deren Wirkungen womöglich nach einem Weltkrieg noch wichtiger sein werden als
zuvor. Und die Schaffung einer allgemeinen politischen Atmo-
sphäre, in der die überwältigende Notwendigkeit des Friedens
verstanden ist, mag ebenso wichtig wie für die Vermeidung eines
Kriegs, falls er vermieden werden kann, auch für den Wiederauf-
bau der Welt nach einem Krieg sein, falls er ausbrechen sollte.
So bleibt das Programm für die Herstellung des Friedens, gleichsam die Strategie des Friedens, die zentrale Aufgabe, wie immer
unsere Hoffnungen und Verzweiflungen einander ablösen mögen.
Die Zuhörer werden mir vielleicht vergeben, daß ich nicht versucht habe, hier ein solches Programm zu entwickeln, solange
wir wenigstens alle übereinstimmen, daß es die eine Aufgabe ist,
der wir unsere Kräfte zu widmen haben.

Carl Friedrich von Weizsäcker

„. . . Weizsäcker hat versucht, mit dem Rüstzeug des Philosophen und Naturwissenschaftlers und mit den Erfahrungen erlebter Politik diese harten Fragen (was denn eigentlich auf dieser Erde die letzten Werte seien) weiter zu durchdenken, als dies sonst üblich ist." *Werner Heisenberg / Die Barke*

Die Geschichte der Natur

7. Auflage 1969. 133 Seiten, engl. broschiert. Kleine Vandenhoeck-Reihe 1/1a

Inhalt: Einleitung / Rückgang in die Geschichte der Erde / Die räumliche Struktur des Kosmos / Die zeitliche Struktur des Kosmos / Unendlichkeit / Sternsysteme / Sterne / Die Erde / Das Leben / Die Seele / Der Mensch. Äußere Geschichte / Der Mensch. Innere Geschichte / Anmerkungen / Zeittafeln / Tafel zur räumlichen Struktur des Kosmos / Geologisch-Paläontologische Zeittafel

Platonische Naturwissenschaft im Laufe der Geschichte

1971. 25 Seiten, engl. broschiert. Veröffentlichungen der Joachim Jungius-Gesellschaft der Wissenschaften in Hamburg [17]

Bedingungen des Friedens

Mit einer Laudatio von Georg Picht. 6. Auflage 1973. 37 Seiten, kartoniert

„. . . Hier sind zum ersten Mal in der deutschen Öffentlichkeit neue Denkweisen hörbar angeschlagen worden, z.B. in der Formulierung, daß die Außenpolitik in zunehmendem Maße in eine Weltinnenplitik übergehe oder in seinem Plädoyer für die wissenschaftliche Planung der Politik und des Friedens . . ." *Sender Freies Berlin*

Die Verantwortung der Wissenschaft im Atomzeitalter

6. Auflage 1978. 53 Seiten, kartoniert. Kleine Vandenhoeck-Reihe 1142

Inhalt: Die Verantwortung der Wissenschaft im Atomzeitalter: Plan und Mensch – Die Fakultäten – Die Atomwaffen / Erklärung der 18 Atomwissenschaftler vom 12. April 1957

Amitai Etzioni · Der harte Weg zum Frieden

(The Hard Way to Peace). Eine neue Strategie. Aus dem Amerikanischen von H. und W. Afheldt. Mit einem Vorwort von **Carl Friedrich von Weizsäcker**. 1965, 261 Seiten engl. broschiert. Kleine Vandenhoeck-Reihe 211 S

VANDENHOECK & RUPRECHT IN GÖTTINGEN UND ZÜRICH

Einheit und Vielheit

Festschrift für **Carl Friedrich von Weizsäcker** zum 60. Geburtstag. Herausgegeben von Erhard Scheibe und Georg Süßmann. 1973. 304 Seiten, engl. broschiert

Inhalt: **West-östliche Begegnung:** *Richard Walzer*, From a Journey to Persia / **Philosophie:** *Klaus-Michael Meyer-Abich*, Eikos Logos: Platons Theorie der Naturwissenschaft / *Klaus Oehler*, Der höchste Punkt der antiken Philosophie / *Günther Patzig*, Bemerkungen zu den Kategorien des Aristoteles / *Wolfgang Wieland*, Kontinuum und Engelzeit bei Thomas von Aquino / *Rainer Specht*, Über den Zugang zu Theodizeen / **Grundlagen der Physik:** *Erhard Scheibe*, Die Erklärung der Keplerschen Gesetze durch Newtons Gravitationsgesetz / *Peter Mittelstaedt*, Objektivierbarkeit, Quantenlogik und Wahrscheinlichkeit / *Werner Heisenberg*, Die Richtigkeitskriterien der abgeschlossenen Theorien in der Physik / *Edward Teller*, Die grundsätzliche Antwort / **Physik:** *Georg Süßmann*, Impuls und Geschwindigkeit des Photons im lichtbrechenden Medium / *Friedrich Meyer*, Grenzperiode der Pulsare / *Karl Graf Finck von Finckenstein, Karl Ulrich von Hagenow* und *Arnulf Schlüter*, Über invariante Kurven ebener Abbildungen / **Kybernetik:** *Gerhard Holland*, Die Strukturierung endlicher Mengen als Erkenntnisprozeß / *Friedrich Hertweck*, Programmiertechnik / **Ökologie:** *Sebastian von Hoerner*, Population Explosion and Interstellar Expansion / *Wolf Häfele*, Ergebnis und Sinn des SEFOR-Experiments / **Bildungspolitik:** *Karl Heinz Höcker*, Über die Krise der Technischen Universität / *Reimar Lüst*, Die Hochschule heute / **Schriften Carl Friedrich von Weizsäckers**

Argumentationen

Festschrift für **Josef König.** Herausgegeben von Harald Delius und Günther Patzig. 1964. 285 Seiten, broschiert

Mit Beiträgen von Theodor W. Adorno, Otto Friedrich Bollnow, Ralf Dahrendorf, Harald Delius, Christian von Ferber, Wolf-Hartmut Friedrich, Joseph Klein, Paul Lorenzen, Felix Martinez-Bonati, J. N. Mohanty, Günther Patzig, Helmuth Plessner, Klaus Reich, H. Arnold Schmidt, Bruno Snell und einem Beitrag „Kants ‚erste Analogie der Erfahrung‘" von *Carl Friedrich von Weizsäcker*

Philosophie und ihre Geschichte

Festschrift für **Joseph Klein** zum 70. Geburtstag. Herausgegeben von Erich Fries. 1967. 307 Seiten, broschiert

Mit Beiträgen von Hans Werner Arndt, Carsten Colpe, Wolf-Hartmut Friedrich, Erich Fries, Ernst Heitsch, Alfred Heuss, Josef König, Günther Patzig, Erhard Scheibe, Hermann Schlingensiepen, Karl Gerhard Steck, Wilhelm Weischedel, Franz Wieacker, Wolfgang Wieland, Ernst Wolf und dem Beitrag „Möglichkeit und Bewegung. Eine Notiz zur aristotelischen Physik" von *Carl Friedrich von Weizsäcker*

VANDENHOECK & RUPRECHT IN GÖTTINGEN UND ZÜRICH